GESTIONA TU KARMA

Recoges lo que siembras,
tanto en los negocios como en la vida

GUESHE MICHAEL ROACH
LAMA CHRISTIE McNALLY
MICHAEL GORDON

Ediciones Amara. Ciutadella de Menorca

Publicado por vez primera en 2011
por Ediciones Amara. Ciutadella de Menorca.

Título original: Karmic Management 2009

© Gueshe Michael Roach, Lama Christie McNally y Michael
   Gordon
© De esta traducción 2011: Carlos Ossés
© Coordinador de la traducción: Isidro Gordi
© Diseño de la portada: Federica Mahieu

Impreso en España / Printed in Spain

ISBN: 978-84-95094-39-1
Depósito legal: B. 2.822-2011

SUMARIO

LA GESTIÓN KÁRMICA

EL ÉXITO ES SEGURO

Gestiona tu karma es la esperada secuela de *El Tallador del Diamante* (Ediciones Amara, 2001), uno de los libros sobre gestión de empresas más populares del mundo, traducido a más de quince idiomas y cuyas enseñanzas ponen en práctica millones de personas en todo el mundo. *El Tallador del Diamante* relataba la historia de una de las empresas de más éxito de la historia de Nueva York y ahora *Gestiona tu karma* nos relata cómo se pueden aplicar esos métodos en uno mismo. Todos los consejos ancestrales y modernos que aprenderá en él han sido puestos en práctica por las siguientes personas:

Linda Kaplan Thaler, que fundó una empresa de publicidad de mil millones de dólares y escribió el libro sobre gestión de empresas *The Power of Nice*, que fue un éxito de ventas: "Debo gran parte del éxito de nuestra compañía a las enseñanzas que aparecen en *El Tallador del Diamante*: podemos asegurarnos el triunfo cuando implantamos ciertas semillas en nuestra mente asegurando el éxito de los demás".

Jill Murphy, una enfermera del ejército de los Estados Unidos destinada en Iraq: "Estoy firmemente convencida de que, del mismo modo que los principios que se recogen en *El Tallador del Diamante* han funcionado aquí, en nuestra unidad, también pueden servir como referencia para acabar esta guerra, así como todas las guerras del futuro: hemos descubierto que el respeto hacia los demás ha reducido notablemente el nivel de la violencia".

William McMichael, un piloto de la compañía American Airlines, quien afirma: "Antes, la cabina del avión era un lugar que me producía mucha tensión… Pero leí *El Tallador del Diamante* y puse en práctica sus enseñanzas con la intención de dejar de prejuzgar a mis compañeros. Ahora, mi puesto de trabajo se ha convertido en un lugar mucho más agradable".

Lindsay Crouse, una actriz que ha sido nominada en los premios Oscar: "Me compré este libro, fui a un café y lo leí de cabo a rabo… Ahora imparto cursos a los actores mezclando mis enseñanzas con esta antigua sabiduría oriental. He aprendido que puedo desarrollar mi propia carrera profesional mejorando las de los demás".

Mohamed Salam, que como vicepresidente de la compañía AC Holdings Capital aprendió que "*El Tallador del Diamante* me ayudó a descubrir de manera más precisa cómo la generosidad hacia los pobres estaba favoreciendo mi propio éxito en los mercados financieros".

Russel Simmons, fundador del movimiento musical hip-hop, que posee una fortuna personal de 320 millones de dólares, es un maestro de la filosofía de El Tallador del Diamante: "Conseguí que muchas personas en el mundo se hicieran ricas. Gané dinero haciendo que otras personas ganaran dinero. Me hice rico ayudando a que los demás se hicieran ricos".

Eva Natanya, teóloga y bailarina profesional de la compañía Royal Ballet de Londres: "Recuerdo perfectamente mi primer encuentro con *El Tallador del Diamante*. En cuanto lo leí, me di cuenta de que nunca más volvería a ver la vida de la misma manera; de que había encontrado una nueva forma de entender cómo funciona el mundo. Supero mis propios momentos difíciles echando una mano a los compañeros bailarines que necesitan ayuda".

Barney Jones, ejecutivo de la industria petrolera que trabaja en Bentley Systems: "En el trabajo, me di cuenta de que la gente no escuchaba lo que les decía ni seguía mis consejos. Un amigo me pidió que leyera *El Tallador del Diamante* y, tras seguir sus consejos y dejar de murmurar de los demás, puedo afirmar que la gente que me rodea está claramente influida por lo que les digo":

¡A continuación, comprueba personalmente cómo la gestión empresarial kármica puede ayudarte a ti!

LA FÁBRICA, LA UNIVERSIDAD, Y EL SALÓN DE PELUQUERÍA

El jefe ha formado un equipo de trabajo formado por doce personas y te ha nombrado director del proyecto. La tarea que te ha encomendado consiste en lanzar al mercado cien mil unidades de un nuevo producto y venderlas en un plazo de seis meses, a partir de hoy.

O tal vez tu pareja ha decidido que es necesario reformar la cocina y sólo tienes un mes para hacerlo.

Tal vez te hayas impuesto a tí mismo la tarea de perder dos kilos antes del próximo lunes.

Las cien mil unidades pueden tratarse de libros o de pizzas o de ventas de software por Internet; eso es lo de menos. Lo verdaderamente importante es que hay que llevar a cabo una tarea o un proyecto específico en un plazo de tiempo concreto. Y tú eres la persona responsable de supervisar que se ha realizado en el plazo acordado.

Afrontémoslo, la vida es una larga sucesión de tareas. Necesitamos encontrar una forma de llevarlas a cabo de manera adecuada; necesitamos hallar una receta infalible que nos permita alcanzar el éxito. Sin lugar a dudas, estamos hablando del éxito financiero. Pero, al mismo tiempo, también queremos tener éxito como personas: ser una buena persona, una persona realmente feliz, una persona que sea sana desde el punto de vista mental y físico. Y si hacemos bien las cosas, al mismo tiempo también estaremos ayudando a todas las demás personas que nos rodean: al mundo.

Este pequeño libro te ofrece una forma completamente nueva de llevar a cabo todas las tareas y proyectos. No se trata de algo que hayas escuchado antes, pero te aseguro que funciona: *siempre* funciona. Dale una oportunidad. Lo único que tienes que hacer es dedicarle una hora de tu tiempo. Creemos que si una idea es buena, se puede explicar en pocas palabras y, a partir de ese punto, el resto depende de ti.

A lo largo del libro, te iremos llevando a través de las Ocho Reglas de la Gestión Kármica, demostrándote cómo verdaderamente recogemos los frutos de lo que hemos sembrado, tanto en el mundo empresarial como en el ámbito personal. Siempre empezamos con una cita recogida de los antiguos textos cargados de sabiduría, que en realidad son la fuente de la gestión kármica. Aunque estos libros proceden de diversos lugares, todos ellos tienen su punto de confluencia en el Tíbet y durante un millar de años han ayudado a sentar las bases de una valiosa cultura rebosante de sabiduría. Se trata de un nuevo y radical método empresarial que ha sobrevivido a la prueba del tiempo de un milenio.

Y, por tanto, lo primero que encontraremos en cada capítulo será una perla como ésta, extraída de un sabio budista del siglo VI llamado Chandra Kirti:

SABIDURÍA ANCESTRAL
Las probabilidades de éxito en cualquier proyecto
son del 100%.

A continuación, pasaremos a explicar cómo estas citas van a ayudarte a vender las cien mil pizzas en el plazo acordado y a convertirte en una estrella en tu propia empresa (o en tu hogar, lo cual muchas veces es más difícil).

Estamos convencidos de que un libro que hable sobre cómo alcanzar el éxito debería estar escrito por las personas que *ya disfrutan de él* y, por tanto, de vez en cuando te encontrarás con un pequeño apartado como el que sigue, donde se relata una historia real sobre cómo hemos utilizado una regla de gestión kármica para alcanzar nuestros propios objetivos:

La vida real

LAMA CHRISTIE:

En el Assian Classic Institute de Nueva York me enseñaron desde el primer día las *Ocho Reglas de Gestión Kármica*. Mi sueño era ayudar a crear un nuevo tipo de universidad, un centro educativo que realmente tuviera una influencia importante en el mundo. Y la gestión empresarial kármica ha hecho posible ese sueño.

Nos pusimos en marcha sin apenas dinero pero, en la actualidad, nuestra Diamond Mountain University está construida y en pleno funcionamiento sobre un hermoso campus de cuatrocientas hectáreas asentado a pie de las colinas del sur de Arizona. Actualmente contamos con varios cientos de alumnos procedentes de los cinco continentes y miles de personas más de diversos países se han apuntado a nuestros programas externos. Sin lugar a dudas, la gestión kármica permitió que mi sueño se hiciera realidad, a una edad en la que la mayoría de personas todavía están acabando su enseñanza secundaria.

MICHAEL GORDON:

Me encuentro en el extremo completamente opuesto del espectro respecto a Lama Christie. Nunca había oído hablar de la gestión empresarial kármica. Mi sueño era fundar un salón de peluquería a gran escala en la ciudad de Nueva York, partiendo de cero, sin conocer a una sola persona allí. La gente que trabaja en el mundo de los negocios habría calificado ese proyecto como una Misión Imposible, pero a lo largo de los últimos treinta años la empresa que fundé —Bumble & Bumble— ha ido creciendo hasta convertirse en una de las más importantes del mundo y en una de las compañías de más éxito dentro de la industria de los productos y del cuidado del cabello, con unas ganancias de más de cincuenta millones de dólares anuales en ventas.

Entré en el mundo de la gestión kármica por la puerta trasera: después de conocerla, eché la mirada hacia atrás en mi carrera profesional y me di cuenta de que eso era exactamente lo que había estado haciendo todo el tiempo, y eso me ayudó a encontrar la razón de que hubiera alcanzado tanto éxito. Para mí, la gestión kármica siempre ha sido algo natural e intuitivo: tenía la sensación de que eso era exactamente lo que había que hacer. Así que ahora me emociona mucho ver que las *Ocho Reglas* se han recogido en un libro que se puede compartir con otras personas con el fin de que ellas también alcancen el éxito.

GUESHE MICHAEL:

Yo me encuentro en un punto intermedio entre Lama Christie y Michael Gordon. He pasado muchos años estudiando en monasterios tibetanos y, por supuesto, me han enseñado todos los libros antiguos rebosantes de sabiduría de los que emana la gestión kármica. Pero nadie se había sentado con nosotros y nos había dicho cómo se podía aplicar realmente toda esta sabiduría en las tareas y en los proyectos de cada día, tanto los que se realizan en casa como en nuestro puesto de trabajo. Se suponía que eso era algo que teníamos que descubrir por nosotros mismos. En mi caso, se trataba de un proceso basado en la prueba y el error, pero al final tenía muy claro qué es lo que había que hacer y, puesto que soy uno de los miembros fundadores de Andin International Diamond, utilicé la gestión empresarial kármica para ayudar a que esta fábrica pasara de ganar cero a cien millones de dólares anuales en ventas.

Por último, encontrarás otra sección que te asignará una tarea específica que debes llevar a cabo personalmente si quieres que la gestión kármica sea de utilidad. Podemos ayudarte diciéndote *qué* es lo que debes hacer para alcanzar el éxito, pero tienes que ser tú quien se tome esas pequeñas listas de "tareas" en serio. Te mostraré un ejemplo.

TU LISTA DE TAREAS

- No cojas este libro y lo leas de un tirón a toda velocidad, quedándote con la idea aproximada de que te gustaría tener éxito. A partir de ahora, antes de seguir adelante, encuentra una tarea o un proyecto específico que tienes que realizar a modo de prueba para tu gestión kármica. Si funciona, entonces habrás encontrado a un amigo para toda la vida en la gestión kármica y podrás seguir adelante y usarla en cada tarea que desees llevar a cabo, tanto si es grande como si es pequeña.
- Por tanto, vamos a empezar con un ejercicio que se llama *Relajación en silencio*: se trata de una especie de ejercicio de calentamiento que permite realizar una meditación formal, de la que hablaremos más adelante. Sal de tu casa y dirígete hacia algún lugar que te resulte agradable, un lugar donde te puedas sentar y pensar en soledad. Puede tratarse de un banco situado en un parque próximo, de una mesa en tu cafetería preferida o simplemente de una barriada por la que te guste pasear.
- Lleva contigo una pequeña libreta y un bolígrafo. Permanece en calma y en silencio y plantéate mentalmente la siguiente pregunta: "¿Qué proyecto o tarea me gustaría hacer en este momento? ¿Cuándo me gustaría terminarla? ¿Qué aspecto *exacto* tendrán las cosas si tengo verdadero éxito en esta empresa?

Todas estas cuestiones deben estar absolutamente claras en tu mente antes de zambullirse en la gestión kármica. Ahora vamos a mostrarte cómo puedes hacer tus sueños realidad, de la misma manera que lo hicimos nosotros, pero la forma que adopte dicha ensoñación depende únicamente de ti.

Regla 1 de la gestión kármica

DEJAR DE HACER COSAS QUE NO FUNCIONAN

DEPENDER DE LAS PROBABILIDADES

En un principio, estuvimos a punto de llamar a este apartado "Cincuenta mil años de fracasos". Se calcula que la actividad humana organizada se lleva realizando aquí, en la Tierra, desde hace unos cincuenta milenios. Es decir, durante todo ese tiempo el ser humano ha estado intentando trabajar de forma conjunta para llevar a cabo cualquier tipo de tarea o de proyecto, ya sea arrastrando enormes bloques de piedra para construir las pirámides o creando y vendiendo cien mil unidades de software.

Miles y miles de millones de tareas, importantes y pequeñas, han sido llevadas a cabo por la mano del hombre. Se han realizado miles y miles de millones de transacciones: "yo te doy esta mazorca de maíz si tú me llevas esta roca hasta allí". Todas y cada una de esas acciones tenían como objetivo *realizar* algún tipo de tarea.

Y todas ellas han sido un fracaso. El ciento por ciento de ellas ha sido un fracaso.

¿Cómo que han sido un fracaso? ¡Las pirámides todavía se mantienen en pie y los ordenadores ejecutan el software!

Es cierto, pero analicémoslo más detenidamente. Cualquier persona que haya ayudado a poner en marcha un negocio puede asegurar que nueve de cada diez aventuras empresariales se vienen abajo o se difuminan durante los primeros tres años. Se puede decir que, si la cita extraída de la *Rueda de la Vida* es correcta, muy pocas personas son capaces de entender de forma adecuada cómo se debe llevar a cabo una tarea.

¿Pero qué sucede con los éxitos? ¿Qué sucede con empresas como Google, Microsoft o Zara?

Ah, aquí es donde la cosa se pone interesante. Llegados a este punto, vamos a definir lo que es el "éxito". ¿Qué queremos decir cuando afirmamos que hemos "triunfado" en algo? Diríamos que se produce cuando un trabajo o un proyecto que hemos llevado a cabo sale de la manera que lo habíamos planeado, *gracias al* modo en el que hemos *hecho* ese trabajo o ese proyecto. Y ahí es donde entramos en el mundo de las *probabilidades*.

Nosotros, los habitantes de la Tierra, nos hemos comportado de forma extraña a lo largo de los últimos cincuenta mil años. Después de todo este tiempo, todavía no estamos del todo seguros de saber por qué *algo* funciona.

¿Nuestro coche arrancará hoy cuando llegue el momento de ir a trabajar? Si somos sinceros con nosotros mismos —y la Regla 1 de la gestión kármica nos dice que *debemos* ser sinceros con nosotros mismos— tendremos que responder "Creo que sí", y lo haremos porque sabemos que no podemos responder "*Sé* que sí". Aunque nuestro coche funcionara perfectamente cuando lo apagamos la noche anterior, sabemos por propia experiencia que no podemos afirmar *con total seguridad* que vaya a funcionar hoy por la mañana.

Y, por tanto, dependemos de las probabilidades. Toda nuestra vida no es más que un juego de probabilidades. Existe cierta posibilidad, un cierto porcentaje de probabilidad, de que hoy vaya a morir en un accidente de circulación cuando me dirija al trabajo. Existe cierta probabilidad de que hoy me despidan, aunque haya hecho bien mi trabajo. Y existe cierta probabilidad de que, independientemente de las decisiones que tome hoy en el trabajo, algunas de ellas no van a tener éxito.

Y, por tanto, a lo largo de los últimos cincuenta mil años, nos hemos convertido en personas tristes. El éxito en las grandes empresas muchas veces no viene definido por si las cosas han salido del modo que esperábamos, sino por lo "flexibles" que seamos capaces de ser: por la rapidez con la que podamos cambiar el rumbo cuando las cosas *no* marchan tal y como esperábamos. Pensamos que una persona sabia es alguien que sabe que las cosas no *siempre* salen del modo que esperabas, simplemente porque las cosas no son así, en ningún caso.

Lo importante es que cincuenta mil años de experiencia demuestran una cosa. Todavía no sabemos cómo hacer que las cosas evolucionen de cierta manera –todavía no sabemos *por qué* las cosas suceden así– porque si lo supiéramos, entonces no existiría el fracaso en el mundo. Las pocas personas que han tenido éxito nos dirían cómo podemos hacer que las cosas funcionen en todo momento… pero, incluso en ese caso, estarían jugando con las probabilidades. Ni siquiera están seguros de si su coche va a arrancar por la mañana o de si su próxima e importante decisión empresarial va a conducirlos a la ruina. Todavía seguimos jugando con las probabilidades, tanto de éxito como de fracaso, con la esperanza de que todo salga bien.

EL PEAJE PERSONAL QUE PAGAMOS POR DEPENDER DE LAS PROBABILIDADES

Y, por tanto, emprendemos todo tipo de acciones confiando en las probabilidades. "*Por lo que yo sé*, eso es lo único que puedo hacer en este momento para tener las máximas probabilidades de conseguir lo que quiero. Y en lo más profundo de mi corazón también sé que corro el riesgo de fracasar: de que existen algunas probabilidades de que se produzca un fracaso".

¿Qué clase de vida es esta? No sólo estamos hablando de las pequeñas cosas: de realizar una reforma en la cocina o de llegar a trabajar media hora tarde porque el coche no arrancaba. Al final, las decisiones que tomamos en nuestra vida, son las que dictan si viviremos o moriremos. Pasarnos toda la vida jugando con las probabilidades hace que tengamos que pagar un peaje personal: la angustia personal que reside dentro de cada uno de nosotros cuando nos enfrentamos a una decisión tras otra en la vida, siendo conscientes de que *no* sabemos lo que va a suceder, siendo conscientes de que sólo estamos haciendo lo que *confiamos* en que funcione.

Imagina, solo por un momento, que todo este juego de probabilidades fuera completamente innecesario: una tragedia en la que nos quedamos atascados durante los primeros años de nuestra vida, aunque pudimos enderezar el rumbo más tarde. Y, una vez hecho, la mente ya se siente libre de esto.

¿Qué porcentaje de la desdicha que hay en este mundo –qué porcentaje del tiempo que pasamos sumidos en nuestros propios pensamientos– se malgasta en preocuparnos por si algo que hacemos *podría o no* salir bien? ¿Qué pasaría si estuviéramos *seguros* de que va a salir bien?

Esta es la promesa de la gestión kármica.

EL COSTE SOCIAL DE LAS PROBABILIDADES

Es duro ver que una persona lucha durante toda su vida tomando decisiones, sin estar segura de si alguna de ellas va a salir como esperaba. Es decir, jugando con las probabilidades. Pero ahora veamos el mundo entero desde esta perspectiva: hay seis mil millones de individuos, sin que ninguno de ellos esté completamente seguro de lo que hay que hacer, *tratando de trabajar de manera conjunta*. Durante cientos de veces al día tratan de decirse los unos a los otros: "Si puedes hacer esto por mí, que no estás realmente seguro de que vaya a funcionar, entonces a cambio yo haré esto por ti, que igualmente no estoy seguro de que vaya a funcionar". Eso no es más que crear decepciones mutuas durante toda la vida.

Lo más sorprendente de todo es que nos hemos acostumbrado a vivir sumidos en este mar de incertidumbre. Nos limitamos a aceptarlo serenamente, sufriendo bajo su yugo como si fuéramos mulas de carga, avanzando con dificultad hasta el día en que morimos, sumidos eternamente en la inseguridad. Nos limitamos a hacer "todo lo que podemos".

¿Qué clase de vida es esta? Los antiguos libros tibetanos afirman que una cosa es segura para impedir que una persona salga de la cárcel: que esa persona nunca se dé cuenta de que se encuentra *dentro* de una cárcel. Nuestra cárcel personal es la incertidumbre a la que nos arrastra no saber si las cosas van a salir como esperamos. ¡Salgamos de ella!

TU LISTA DE TAREAS

- Practica durante más tiempo la relajación en silencio allá donde la estés ejercitando. O cambia de lugar si eso hace que tu mente se sienta más fresca.
- Coge la libreta y el bolígrafo; anota cinco cosas que se supone que hayas hecho esta semana. Junto a cada una de ellas, anota las probabilidades que existen de poder acabarlas de la manera que deseas: *Acabar de escribir este capítulo el miércoles. Probabilidades de éxito: 70 %.*
- Reflexiona durante un instante sobre cuánta presión te causa en tu vida esas probabilidades, esa incertidumbre. Ahora vuelve hacia atrás y cambia todas las probabilidades al "100 % de posibilidades de éxito". Medita sobre ello durante unos instantes y comprueba lo distinto que te sientes ahora.

La vida real

LAMA CHRISTIE:

Cuando era pequeña, acudí a buenas escuelas primarias privadas en mi ciudad, Los Ángeles. Me encantaba ir al colegio y se me daban muy bien los estudios y el deporte. Siempre tuve ilusión de ir a la universidad en Nueva York y di con gran placer un bocado a la Gran Manzana. Cuatro años después, había conseguido mi licenciatura y me encaminaba a emprender una prometedora carrera profesional en la escuela de posgrado: quería ser profesora, tal vez de literatura inglesa.

Y entonces, de repente, se me metió en la cabeza que todo eso no iba a funcionar. Es decir, se suponía que la escuela nos iba a preparar para la vida, nos iba a ayudar a tener más éxito en la vida, a ser personas más felices. Pero por entonces ya me daba cuenta de que algo iba mal. A algunas personas se les daba bien la escuela y conseguían salir adelante con éxito; a otras se les daba bien, pero fracasaban. Otras dejaban los estudios y encontraban la felicidad; otras dejaban los estudios y se sumían en un pozo. El simple hecho de ir a la escuela no parecía tener demasiada importancia.

Y, por tanto, cuando estaba a punto de empezar el doctorado tomé una importante decisión, una decisión de la que siempre me alegraré. Emprendí un viaje por todo el mundo: Egipto, Tailandia, Australia, donde fuera, tratando de encontrar un camino mejor.

Acabé estudiando y meditando en un pequeño monasterio tibetano enclavado en la cima de una colina de Katmandú y eso es lo que me condujo a la gestión empresarial kármica y eso es lo que hizo que nuestra universidad fuera un éxito.

La moraleja de esta historia es que algunas veces uno tiene que admitir que lo que hace no funciona, por mucho tiempo que lleve intentándolo, por muy confortable que le resulte y por mucho que todos los demás lo sigan haciendo, a pesar del hecho de que todos se dan cuenta de que en realidad no funciona.

Algunas veces, tenemos que demostrar la valentía suficiente para dar el salto.

Regla 2 de la gestión kármica

ENCONTRAR LA CAUSA DE LAS CAUSAS

SABIDURÍA ANCESTRAL
Cuando sucede esto, ocurre lo otro
Buda, 500 a. C

LA VERDADERA CAUSA

Antes de seguir adelante, revisemos en qué punto nos encontramos. En resumen:

*Si algo no funciona cada vez que lo intentas,
entonces no funciona.
Por tanto, deja de hacer cosas que no
funcionan.*

Así pues, ¿qué se supone que debemos hacer? Simplemente haz lo mismo que has estado llevando a cabo cuando saliste por la mañana, cuando metiste la llave en el contacto y el coche no arrancó. Trata de encontrar la causa que subyace a las demás causas. Que en el caso de un coche significa mirar debajo del capó y comprobar si la batería se encuentra en buen estado.

Porque, como puedes ver, la vida es como un coche. Buda afirmó, y la ciencia está de acuerdo con él, que para que una cosa suceda primero siempre tiene que suceder otra (véase más abajo).

Y así es como solemos ver las cosas: de manera muy sencilla, muy bidimensional. Meto la llave en el contacto, pasa un segundo y el coche arranca. O *arranqué el coche introduciendo la llave en el contacto.* La llave provocó que el vehículo se pusiera en marcha.

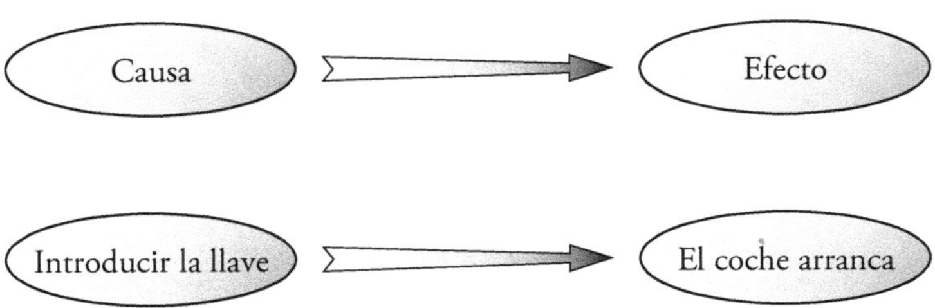

Esto es así, salvo en el caso de que la llave no consiga que el coche se ponga en marcha y, entonces, vamos más allá y reconocemos que existe una tercera dimensión: una especie de nivel que se encuentra por debajo de la llave y del vehículo, donde subyace la verdadera causa. Bajo el capó, oculta de nuestra vista, se encuentra la batería.

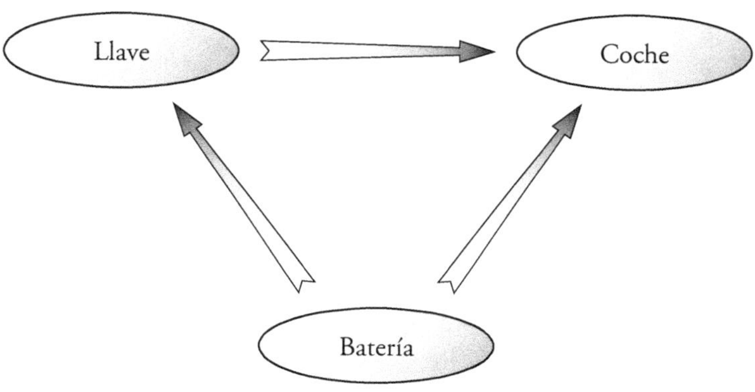

Observa que sólo hemos dicho, la "verdadera causa". Esto es lo que llamamos "la causa de las causas": Tu llave es la causa de que el coche arranque, pero sólo si la batería *es la causa* de que la llave sea la causa de que el coche se ponga en marcha.

"PARECE REAL" FRENTE A "ES REAL"

Vayamos un poco más allá. Es posible que la llave no sea realmente lo que haga que el coche se ponga en marcha, pero sin lugar a dudas eso es lo que parece... y, desde luego, es así como pensamos.

Por supuesto, lo que *realmente* pone en marcha el vehículo es la batería.

Y, por tanto, se podría trazar una línea de puntos y dividir las cosas en dos niveles. Uno sería el nivel "parece real" (parece ser la causa verdadera) y otro sería el nivel "es real" (es la verdadera causa):

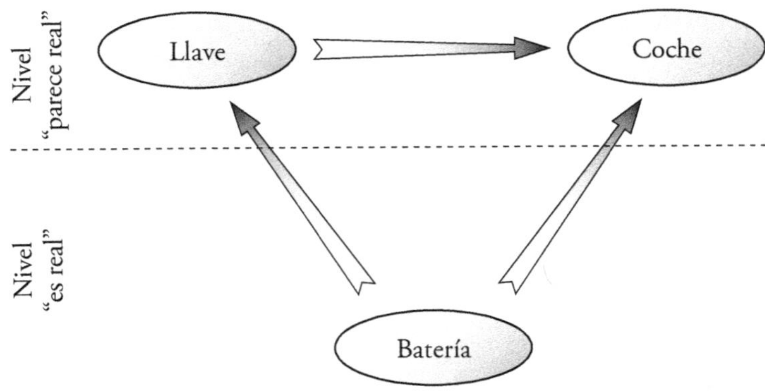

¿Qué tiene esto que ver con que nosotros nunca estamos seguros de que aquello que intentemos vaya a funcionar? Retomemos las cien mil unidades –de lo que sea, ¿frigoríficos?– que se suponía tu equipo de trabajo iba a enviar y a vender en un plazo de cinco meses.

¿Quieres saber cómo *no* vender todos esos frigoríficos?

Quedándote atascado en las dos dimensiones. Quedándote atascado en el nivel "parece real". Empezando a hacer llamadas telefónicas a los clientes, porque todo el mundo sabe que:

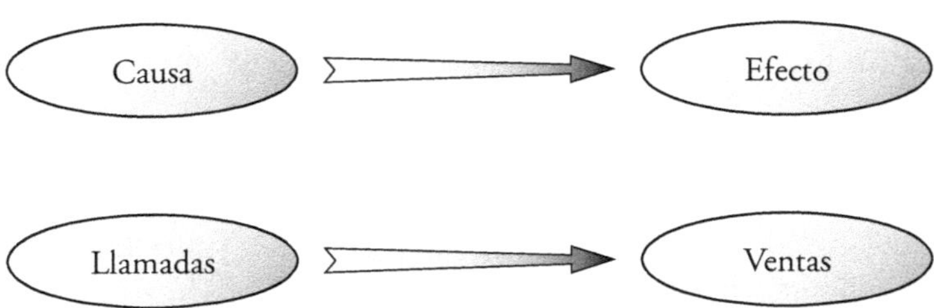

Te puedes volver loco haciendo esto. ¿Por qué? Porque algunas veces las llamadas telefónicas funcionan para realizar ventas y otras veces no. Y prometimos que dejaríamos de intentar hacer las cosas que no funcionan porque no han funcionado *cada vez* que las hemos intentado. Demasiada incertidumbre. Demasiado estrés. Muchas probabilidades de fracaso. Es como probar con la llave una y otra vez cuando el motor ni siquiera está haciendo *clic*.

Trata de encontrar la causa de las causas. Y en eso consiste el karma, porque lo que sembramos es lo que luego recogemos.

CÓMO FUNCIONA EL KARMA

Vamos a explicar de manera rápida lo que es el karma, antes de que empieces a rememorar todas las cosas equivocadas que has escuchado acerca de él. El término "karma" simplemente significa cualquier cosa que uno diga o piense. Si te sientes más cómodo llamándolo "todo lo que hago", entonces sigue viéndolo así.

Cada vez que decidas hacer o decir o incluso pensar algo, se registra en lo más profundo de tu mente porque tú estuviste allí escuchando cuando decidiste hacerlo o decirlo. La mente es un enorme y ultrasensitivo disco duro que posee una capacidad de almacenamiento casi infinita y en algún lugar de tu cabeza existe un registro de *todo* lo que has hecho en la vida. Y cada vez que hacemos cualquier cosa, por pequeña que sea, se planta una semilla en nuestra mente: y ella pone en marcha una diminuta energía que algún día *volverá a nuestra mente* para decidir cómo vemos el mundo.

Y, por tanto, ahora podemos trazar un dibujo como el que aparece en el gráfico de la página 28.

Si una llamada telefónica acaba en una venta, no se debe a la llamada: si tu llave arranca el coche, no se debe a la llave. Eso sólo *parece* real. Eso sólo *da la impresión* de ser lo que está sucediendo. Pero lo que *es* real, lo que *realmente* sucedió, es que la batería arrancó el coche, porque la batería es lo que hizo que la llave arrancara el coche. Entiende esto. Cada vez que realizas una llamada y consigues una venta, es el karma el que *hizo que la llamada consiguiera la venta*.

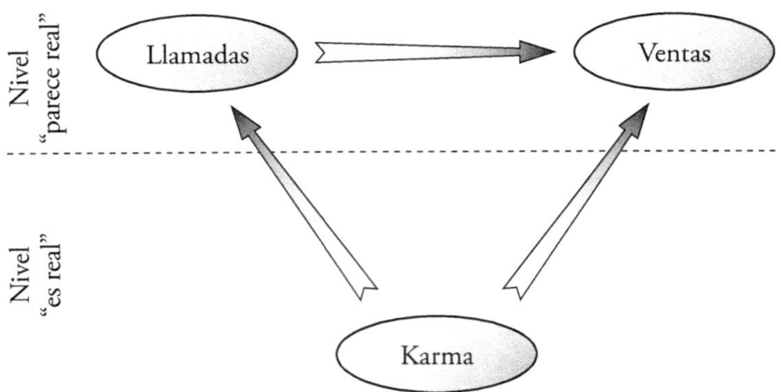

El karma se encuentra en el nivel "es real": el karma está por debajo de todas las cosas, como el firme de la Madre Tierra que se encuentra debajo de todo lo que nos rodea, sosteniendo los edificios y haciendo que crezcan los árboles. Es la causa de las causas. A continuación, vamos a hacer que trabaje en su beneficio.

La vida real

GUESHE MICHAEL:

Se podría decir que hubo tres grandes acontecimientos en el mundo que ayudaron a crear las condiciones adecuadas para que Andin International Diamond tuviera tanto éxito. En aquel momento se produjeron grandes cambios sociales, algo que ninguno de nosotros podría haber predicho, y mucho menos podría haber provocado… o al menos eso es lo que *pareció* en aquel momento.

En primer lugar, las mujeres en América comenzaron en gran número a formar parte de la fuerza de trabajo. Hasta entonces, la mayor parte de las joyas las compraban los hombres para las mujeres, porque eran los hombres los que ganaban dinero. De repente, millones de mujeres contaban con unos ingresos que podían utilizar para hacer una compra "impulsiva" de un anillo de diamantes claros con la intención de llevarlo al trabajo… y ésa era nuestra especialidad.

En segundo lugar, la India de repente se convirtió en un centro importante donde se tallaban diamantes. Antes de esto, casi todos los diamantes se cortaban en Nueva York, en Ámsterdam o en Tel Aviv. De repente, nuestra compañía podía comprar diamantes de calidad asequibles con los que crear nuestros anillos de diamantes claros aplicando un gran descuento y fue capaz de ofrecer calidad a nuestros clientes a un precio mucho más barato.

Por último, el gobierno de China de repente permitió la inversión de capital empresarial en su país y eso nos permitió empezar a manufacturar allí muchas de nuestras piezas más sencillas, lo cual dejó un espacio para que nuestra planta de producción de Manhattan hiciera el trabajo final.

Un día, nos encontrábamos sentados alrededor de la mesa tratando de descubrir por qué esos tres acontecimientos se habían producido en el momento oportuno para que pudiéramos tener éxito. Alguien dijo: "Ya se sabe, tiene cierta lógica pensar que fueron las mujeres de América las que nos permitieron salir adelante. Después de todo, Andin tiene que ser la única compañía de Nueva York donde las mujeres siempre han tenido las mismas oportunidades en los puestos administrativos y ejecutivos, además de recibir el mismo sueldo cuando han trabajado en nuestra empresa".

"Y luego está el tema de los hindúes", añadió otra persona. "Quiero decir, que si realmente crees en el karma o en algo parecido, es un poco extraño. Andin siembre ha sido el único fabricante de joyas que realmente estaba dispuesto a contratar a todos los nuevos hindúes americanos. Comenzamos con Kishan, que procedía de Bombay, y luego a todos los demás hindúes: amigos, hermanos y primos. Solamente en la división de piedras preciosas debe haber veinte personas procedentes de la India".

"Y también China", señaló una tercera persona. "Hicimos aquel proyecto con Chinatown Manpower para ayudar en la formación de nuevos chinos americanos en el arte de la joyería hasta que mejoraran su dominio del inglés".

Bueno, casi se podría afirmar que todas esas razones eran fuerzas *más profundas*, eran las causas de las causas de nuestro éxito, que emergieron por debajo de nuestros pies, cambiando el clima empresarial del propio mundo y disparando nuestros increíbles beneficios.

LISTA DE TAREAS

* Vuelve a sentarte a meditar. En ese momento, posiblemente descubrirás que estás empezando a disfrutar verdaderamente de esos momentos de paz y de soledad. Pide un cacao caliente, saca tu libreta de gestión kármica y colócala sobre la mesa. A continuación, limítate a mirar fijamente una página en blanco.
* Anota mentalmente tres de las cosas más exitosas que te hayan sucedido en la vida. A continuación, comprueba si eres capaz de recordar haber ayudado a alguien a tener éxito en el mismo sentido, aunque fuera un éxito más pequeño, ya que las semillas del karma que se han plantado en el suelo de nuestro subconsciente se van haciendo más grandes a medida que van madurando.
* Posiblemente, para cuando llegue tu cacao ya habrás encontrado un motivo para darte a tí mismo unas palmaditas en la espalda. Y tal vez empezarás a encontrar nuevas ideas que expliquen las verdaderas razones por las que has conseguido vender las cien mil unidades.

IDENTIFICA A TUS SOCIOS EMPRESARIALES KÁRMICOS

> SABIDURÍA ANCESTRAL
> La Primera Ley del Karma dice:
> Cada vez que quieras algo de la vida
> primero tendrás que hacer algo por ella.
> *Jey Rinpoche (1357-1419),*
> *Maestro del Primer Dalai Lama*

EL EFECTO ECO

¿Cómo podemos conseguir que este asunto del karma empresarial juegue a nuestro favor?

Recuerda que hemos dicho que el karma incluye a cualquier cosa que hagamos: cualquier cosa que hagamos, digamos o, incluso, pensemos. Pero ahora necesitamos aclarar un poco este punto y añadir: "Cualquier cosa que hagamos *por los demás*" porque, salvo algunas excepciones, sólo podemos plantar el karma en nuestra propia mente haciendo que se proyecte hacia los demás. Por esa razón, los antiguos textos tibetanos a menudo comparan el karma con un eco: uno puede encontrarse en el borde del océano y dejarse la garganta gritando sin que se produzca eco. Es mejor encontrar una cueva donde haya muchas paredes para hacer que el sonido rebote. Es como si las demás personas fueran como un palo que usamos para empujar a las semillas hasta las profundidades de nuestra mente.

Si no existieran esas otras personas, no se podrían plantar semillas; sin las semillas, no habría éxito y volveríamos al punto de las probabilidades. *Necesitamos* a las demás personas.

LA JUSTICIA DE LAS COSAS

Este hecho que explica cómo funciona el karma —el hecho de que sólo podemos conseguir lo que antes proporcionamos a los demás— en realidad es el elemento más satisfactorio del concepto universal de gestión empresarial kármica. En lo más profundo de nuestro interior *anhelamos* que haya justicia en este mundo. *Tiene* que haber una lógica que explique cómo funcionan las cosas. El éxito no es algo aleatorio. La vida no es simplemente una lotería. Las cosas buenas deberían suceder a las personas que hacen cosas buenas por los demás.

Y si las cosas funcionan de esa manera, entonces las cosas siempre deberían funcionar así. Es decir, no puede ser que el 58 por ciento de la gente que ha triunfado lo haya hecho gracias al karma, porque primero hicieron que los demás también tuvieran éxito; y que el otro 42 por ciento simplemente haya tenido suerte. Entonces, estaríamos de nuevo volviendo al juego de probabilidades y estamos cansados de depender de ellas.

Es el momento de hacer una pausa y recordarnos a nosotros mismos algo importante. Este concepto de la gestión kármica no es una fantasía alimentada por castillos levantados en el aire. Es una estrategia empresarial real, práctica y firme que sirve para conseguir beneficios económicos palpables: unos beneficios que siempre vienen acompañados por un sentido de la felicidad y de la realización personal. No se trata simplemente de que uno haga algo bueno por los demás, sino de que uno sea *recompensado* por haber hecho algo bueno por los demás. Y precisamente gracias al modo en el que funciona la gestión empresarial kármica, siempre estamos logrando que *los demás* también tengan éxito, lo cual hace que se sientan felices y eso permite que también nosotros seamos felices y, a su vez, lleva a que todo el mundo se sienta feliz por nosotros: todo el mundo es feliz. Todo el mundo tiene éxito. Vamos a analizar este punto.

LOS SOCIOS EMPRESARIALES KÁRMICOS

Ahora estamos preparados para empezar a analizar la Regla 3 de la gestión kármica: identificar a nuestros socios empresariales kármicos. Estos socios son aquellas personas que van a hacer que recojamos todo lo que hemos sembrado, las personas que harán que nuestro karma rebote hacia nosotros. Conseguirán que el karma se plante en nuestra mente, de tal modo que en cualquier momento pueda salir en forma de oportunidades para alcanzar el éxito que podamos ver y que los demás (los que no han cultivado el karma) no serán capaces de distinguir.

Tienes una tarea que hacer con cada uno de tus socios kármicos. Debes tratar de conseguir que alcancen el éxito.

No te olvides nunca de eso. Tienes que concentrar todos tus esfuerzos en hacer que esas otras personas también alcancen el éxito. Y, a continuación, tu propio trabajo tendrá éxito: no tienes que preocuparte por esto, ni siquiera tienes que pensar demasiado en ello. Procura que todos tus socios empresariales kármicos tengan éxito y las cien mil unidades —¿de qué eran, de balones de voleibol?— se venderán en una semana, consiguiendo el margen de beneficios más elevado para tu empresa.

Y te preguntarás: ¿quiénes son mis socios empresariales kármicos? Hemos identificado cuatro grupos de socios y tu tarea consiste en conseguir que todos ellos alcancen el éxito:

1. Los colaboradores

Tus colaboradores o el personal de tu empresa son el primer grupo de socios empresariales kármicos. Recuerda que el jefe asignó a doce personas para que formaran tu equipo de proyecto con el fin de vender cien mil unidades. No obstante, tal vez en un momento pasado, trataste a esas personas casi como si fueran herramientas: como empleados, alguien a quien tú *empleas* o utilizas para conseguir que se haga tu trabajo.

Sin embargo, en el ámbito de la gestión kármica, las cosas tienen que cambiar. Aquí te encuentras inmerso en un nuevo tipo de relación con esas personas que trabajan a tu alrededor. *Tienes* que enviarles tu karma, dirigirlo *hacia* ellas. *Tienes* que asegurarte de que el proyecto va a hacer que *todas ellas* tengan éxito. Ésa es la única manera de plantar el karma que es tan necesario para vender las cien mil unidades, porque estamos tratando de que se produzca un eco:

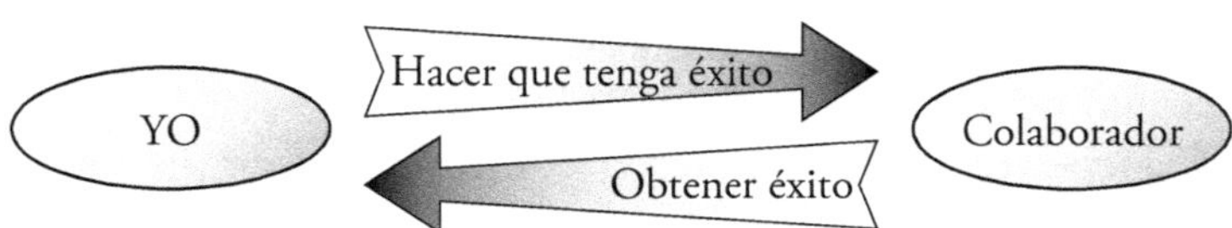

Todo este proceso de enviar y vender las cien mil unidades tiene como objetivo que los doce miembros de tu equipo se conviertan en héroes empresariales. Tienes que conseguir que sean personas mejores, más capaces y más felices.

2. Los clientes

Evidentemente, el propósito de un trabajo o de un proyecto es proveer algo a alguien: este alguien podría tratarse de un cliente, pero en este sentido también podría tratarse de tu jefe o de la persona que haya invertido en la compañía. Y, por tanto, podrías pensar que no tendría mucho mérito decir que has conseguido hacer algo por tu cliente. Eso ya lo sabías: ¿Quién pensabas que se iba a *comer* las cien mil pizzas?

Pero ahora no estamos hablando de eso.

Si deseas que tu gestión empresarial kármica funcione, tienes que estar plenamente fascinado con la idea de conseguir que tus clientes *tengan éxito*. Para cuando hayas conseguido vender las cien mil unidades, tu jefe debe dar la impresión de que es una especie de genio ante *su propio* jefe superior. Los inversores van a conseguir un margen de beneficios *adicional* por esa operación y *al mismo tiempo*, tú vas a encontrar una manera eficaz de lograr que tus clientes consigan sus pizzas a un precio *más barato* por unidad *y* que se rebaje su colesterol con cada porción.

Por tanto, ¿cuántos ecos has conseguido poner en marcha?

3. Los proveedores

Si piensas que el viejo concepto que tenías de tus "empleados" era malo, comprueba de qué modo tratas a tus proveedores. Normalmente mantienes una relación en un único sentido: ellos deberían darme harina y salsa de tomate de la máxima calidad a un precio muy bajo, entregándome la máxima cantidad al instante. No es mi problema saber cómo lo van a conseguir ni cuánto van a ganar con ello; eso es lo que hacen los proveedores.

En la gestión kármica, esta actitud también tiene que cambiar al cien por cien. Una gran cantidad de karma en cualquier proyecto —casi toda la proporción de éxito o de fracaso— procede del modo en el que tratamos a las personas que hacen que el proyecto sea posible. Podemos estar hablando de la compañía que fabrica los motores de nuestros frigoríficos, o del contratista que viene a pintar la cocina, o del informático que se queda despierto toda la noche para teclear el código final del software.

Tienes que hacer cosas positivas por ellos. Tienes que mostrar un interés personal por ellos. Tienes que preocuparte por ellos y asegurarte de que este proyecto va a provocar que también tengan éxito. ¿Ha conseguido el suficiente margen de beneficios al venderme los motores de los frigoríficos? (¿Cómo? ¡Nunca me habían preguntado eso!). También le he conseguido otro trabajo pintando la cocina del vecino. Si no eres capaz de demostrarme que te tomas un descanso y haces algunos estiramientos de yoga cada noventa minutos mientras estás trabajando en tu ordenador, la próxima semana te bajaré el sueldo.

4. *El mundo*

Tu socio empresarial kármico final es muy importante. Se trata de todo el mundo que está ahí fuera. Todos los socios que hemos mencionado hasta ahora se encuentran cerca de nosotros: normalmente son personas con las que trabajas, pero siguen siendo individuos que, bueno, en cierto modo se encuentran cerca de *ti*. Es decir, todo lo que hagas por ayudarlos será una especie de ayuda para tus intereses, así que el eco no va a ser tan impresionante: será como gritar dentro de un armario vacío de tu casa.

Necesitamos salir al exterior, a un lugar más amplio, a un lugar que esté apartado de nosotros mismos para así poder conseguir un buen eco kármico. Para tener éxito en este mundo, necesitamos hacer algo para que el mundo en sí sea un éxito. Nuestro proyecto tiene que hacer algo por el mundo.

Por favor, no construyas castillos en el aire, sé amable con los demás, realiza alguna pequeña donación corporativa a alguna organización benéfica. Rellenar un cheque por valor de mil dólares a United Way en cinco minutos y luego olvidarse de ello nunca ha conseguido que una organización alcance el éxito. Necesitas echar mano de todos tus recursos: de todos los conocimientos y de la creatividad que poseas tanto tú como todo tu equipo y de una cantidad importante del presupuesto del proyecto y dedicarlos a otro proyecto que no esté relacionado con tu ámbito. Debes destinarlos a una persona que esté intentando hacer lo mismo que tú y que realmente necesite ayuda para conseguirlo.

En realidad, lo que estamos queriendo decir es que tu proyecto de reforma de la cocina va a tener éxito *si* se pone en marcha y ayudas a tu vecino a que reforme *su* cocina o —mejor todavía— si *en primer lugar* colaboras con una organización que haga reformas gratuitas de cocinas para las familias pobres de la ciudad. Los cien mil trajes de baño de tu equipo de producción se van a enviar como esperabas, no tengas dudas de ello, si das un paseo por el otro lado del edificio y ayudas al equipo de publicidad a hacer que se venda *su* envío de abrigos de invierno. O, todavía mejor, si tu equipo puede convencer a la dirección para que fabrique cien mil unidades más y las done a un empresario del tercer mundo con la intención de ayudarle a poner en marcha su propio negocio.

Suena raro, ¿verdad? Olvídate de ti mismo, hazlo por los demás, todo va a salir bien. Pero sé honesto. ¿Acaso no es así el modo en el que siempre has *deseado* que funcionara el mundo?

La vida real

MICHAEL GORDON

Desde el principio, en Bumble & Bumble, tuvimos en cuenta a nuestros socios empresariales kármicos, también de manera instintiva: sentimos que eso era lo correcto y, sin lugar a dudas, nos ha dado muy buenos resultados.

Los colaboradores. Hace unos días, me encontraba en un acontecimiento que se celebraba en Nueva York, cuando una mujer se acercó a mí y me dijo: "Hola, me llamo Lori Barbaria. No sé si todavía se acuerda de mí, pero yo trabajaba para usted en Bumble entre 1978 y 1979. Yo era una persona muy irritante, conflictiva e indisciplinada, pero me dio una oportunidad. Y usted sabía que lo que yo realmente quería hacer era trabajar en una revista. Así que un día me dijo: 'Si realmente desea seguir por ese camino, entonces tiene que ir a Milán o a París'. Me entregó dinero para que me comprara el billete de avión y me envió hacia allá. Nunca había tenido la oportunidad de verle de nuevo para agradecérselo y jamás le devolví el dinero, pero simplemente quería que supiera que nunca lo he olvidado. De toda la gente para la que he trabajado, nadie me ha tratado de esa manera".

Clientes: estamos empezando a experimentar un crecimiento de entre el 25 y el 30% anual, algo de lo que nunca habíamos oído hablar, y hemos conseguido este maravilloso edificio situado en el Distrito Meatpacking de Manhattan, que desde entonces se ha convertido en uno de los centros de moda más modernos de la ciudad. Hemos bautizado al edificio House of Bumble y en seguida tuve la sensación de que nos íbamos a volver demasiado superficiales, demasiado arrogantes; de que nuestros clientes, aunque tuvieran grandes salones, no iban a recibir demasiado amor por nuestra parte. Así que celebramos una reunión corporativa y en el espacio de una hora diseñamos un plan para ayudar a nuestros clientes.

Cada mes enviaríamos algún obsequio a nuestros clientes con el fin de inspirarlos o de que se sintieran felices: fomentamos el oficio, el amor por ello, y todo lo que tiene que ver con la cultura de la peluquería. En ninguna de todas esas piezas se podía encontrar una sola frase pidiendo a alguien que luciera nuestros productos o que aceptara ninguna de nuestras ofertas especiales. Simplemente lo hicimos para ayudarlos, para ayudarles a tener éxito.

Más adelante, esta idea desembocó en la Escuela Empresarial Bumble. Invitamos a tres personas procedentes de cada salón con el que tratábamos (y había miles de ellos) a que volaran a Nueva York y les pedimos que participaran en un programa especial de cinco días para enseñarles todo lo que habíamos aprendido sobre cómo hacer que un negocio crezca y tenga éxito. Tenían que pasar una semana lejos de su puesto de trabajo y dedicarse a sí mismos muchas horas al día, estudiando cómo desarrollamos toda nuestra tarea, desde el cuidado del cabello hasta el marketing. Este método era completamente único en la industria y el eco kármico que produjo permitió que nuestra compañía se disparara hasta los primeros puestos.

Los proveedores. Pasado un tiempo, nos expandimos para crear nuestra propia línea de productos para el cuidado del cabello. Comenzamos de manera humilde y encontramos a una pequeña empresa procedente del Medio Oeste para que se ocupara de la producción. Los propietarios eran dos tipos llamados Bob y Wally y se formó una estupenda asociación entre las dos empresas.

Entonces, de repente (¡ecos! ¡repercusiones!), nuestras ventas se dispararon y en el plazo de ocho años también nos convertimos en una importante empresa de producción. Llegados a ese punto, cuando se hacen grandes, la mayor parte de las empresas comienzan a apretar las clavijas a su proveedor: "Tienes que reducir los márgenes conmigo". "Estoy tratando con proveedores de la competencia". "Quiero reducir los precios que tengo que pagarte, ahora que os estamos haciendo muchos pedidos".

Pero no hicimos ninguna de todas esas cosas. Nos acordamos de todo el trabajo exhaustivo que Bob y Wally habían realizado para nosotros desde el principio y nos aseguramos de que fueran un socio de pleno derecho en nuestro flamante éxito empresarial.

El mundo: desde el principio de mi carrera había una cosa que en mi opinión ayudó a plantar una de las semillas kármicas más importantes durante todas las décadas de las que disfruté de mi éxito. Crecí en Inglaterra, en el seno de una familia que ya formaba parte de la industria de la moda. Cuando tenía quince años, entré como aprendiz en Rene of Mayfair, un salón muy prestigioso situado en el distrito más exclusivo de Londres. Después, a los veintiún años, me marché a Sudáfrica para fundar mi propio negocio.

Mi primera empleada fue una mujer de color: procedía de la tribu bantú y se llamaba Elizabeth. Hay que tener en cuenta que en aquella época la política de apartheid —de separación racial— era muy fuerte y estaba firmemente implantada. Le permitieron entrar a trabajar en el estudio, pero sólo como "sirvienta", y únicamente para limpiar.

Un día me encontraba observándola y decidí que tenía que prepararse para ser estilista. En los mejores salones de Londres, en los lugares donde recibí mi formación, este proceso siempre se comenzaba aprendiendo a lavar la cabeza… y esa tarea era algo que se consideraba muy importante.

Y, de ese modo, una noche antes de que se fuera a casa, empecé a enseñar a Elizabeth a lavar la cabeza, lavando su cabello con mis propias manos. Se trataba de una tarea que, en el mundo en el que vivía, por entonces era completamente ilegal. Elizabeth se quedó con nosotros y creció con la compañía durante muchos años, hasta que se marchó de Sudáfrica para trasladarse a Nueva York. En mi interior tuve la sensación de que este pequeño acto de ayudar al mundo es lo que realmente sembró la semilla del futuro éxito de Bumble.

Hay un tema común que vamos a encontrar a lo largo de todas estas historias de éxito con nuestros socios empresariales kármicos. No hay ninguna condición especial: uno simplemente trata de hacer que las demás personas tengan éxito.

TU LISTA DE TAREAS

- Ahora ya sabes qué es lo que te espera. Una vez más, tienes que ir a la cafetería. Saca tu libreta de gestión kármica. En la parte superior de cuatro páginas distintas anota los nombres de los cuatro grupos de socios empresariales kármicos: colaboradores, clientes, proveedores y el mundo.
- Por supuesto, lo que queremos es que debajo de cada uno de ellos anotes el nombre de una persona, de la que hayas elegido para crear un eco: debes anotar el nombre de la persona a la que vas a ayudar a alcanzar el éxito con el proyecto de gestión empresarial kármica en el que estés trabajando.
- Después del nombre, anota una clara descripción del aspecto que va a adoptar el éxito cuando hayas terminado de ayudarles. No es necesario que anotes muchas cosas, pero debe ser algo muy específico.

Regla 4 de la gestión kármica

COMENZAR POR UNO MISMO

SABIDURÍA ANCESTRAL
La línea que se extiende entre tú y yo es artificial.
Maestro Shantideva, 700 a. C

UN ACOGEDOR NIDO KÁRMICO

Si piensas en ello, la relación que mantienes con todos tus socios empresariales kármicos se puede resumir perfectamente en un pequeño dibujo

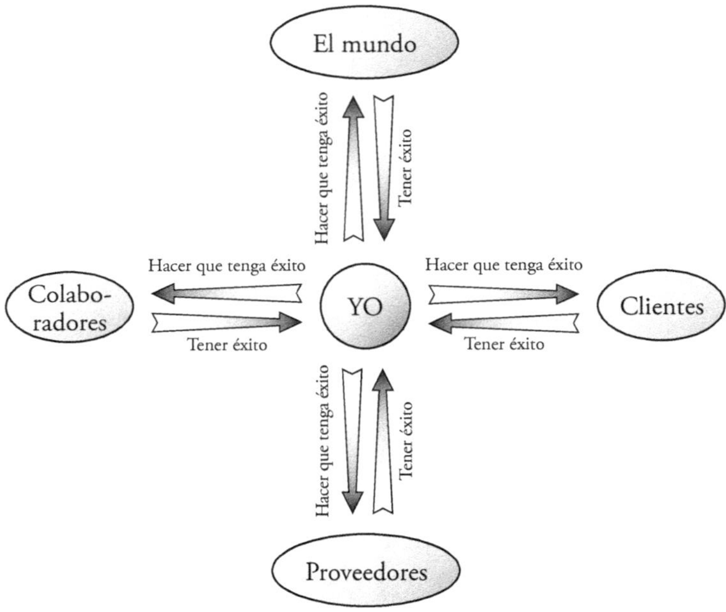

Hay cuatro grupos de personas que se encuentran fuera de mí y yo me encuentro en medio de ellos. Para poder llevar a cabo mi proyecto, para poder vender las cien mil suscripciones a la televisión por cable, en realidad necesito *dejar de concentrarme* en *mi* proyecto y empezar a concentrarme en cómo hacer que mis socios empresariales kármicos tenga éxito. Si consigo eso, mi propio éxito vendrá por sí solo. Tal y como dicen los campesinos tibetanos: "El que planta maíz, automáticamente consigue heno". Es decir, uno consigue de manera natural que crezca la hierba entre los tallos de maíz cada vez que planta ese grano. Es gratis y permite dar de comer a los yaks durante todo el invierno.

Y, por tanto, si un directivo kármico hace las cosas de manera adecuada, está creando un acogedor nido kármico, proyectando el éxito hacia las cuatro direcciones y, a cambio, se está bañando en las aguas de los ecos.

EL YO Y EL CENTRO

A continuación, para que la gestión kármica haga magia, tenemos que concentrarnos en el pequeño "yo" que se encuentra en medio de este acogedor nido de karma. Hay una cosa que se puede ver al instante: todo tiene que partir de ti. No se va a producir ningún eco que regrese hacia mí si no soy capaz de empezar a piar. En la gestión empresarial kármica, todo el éxito se inicia en uno mismo. Tenemos que realizar el primer movimiento. De manera específica, lo primero que debemos hacer es intentar que nuestros socios empresariales kármicos tengan éxito.

Pero hay algo más que es absolutamente crucial. Debes mirar de nuevo al pequeño yo que hay en medio. Existe un círculo a su alrededor, una línea que define el borde de mi persona: "Yo" me detengo aquí y "tú" empiezas allí.

A un nivel mucho más superficial, esta línea se halla en el borde de nuestra piel: todo lo que se encuentra dentro de esta bolsa es mío; todo lo que hay fuera es de otra cosa o de otra persona. Pero, por supuesto, nuestro "yo" normal va un poco más allá de todo eso. Cuando una mujer tiene un hijo, extiende esta línea para incluir a su bebé. Posiblemente, no nos importa si han rallado un coche en el aparcamiento del supermercado, a menos que sea *nuestro* coche.

Por tanto, ¿qué elemento es el que decide hasta dónde se extiende la línea? Da la sensación de que podemos decir que mi "yo" se extiende hasta todo lo que siento realmente con fuerza. Si haces daño a esto (pinchar mi piel, empujar a mi hijo, rallar mi coche), entonces me haces daño a *mí*. Si ayudas a esto (dame un masaje, di algo bonito de mi hijo, arregla mi coche), entonces me estarás ayudando a *mí*.

Pero, entonces, en este caso, tus socios empresariales kármicos *son* tú mismo. Si ellos fracasan, entonces tú fracasas. Si tienen éxito, tú tendrás éxito. Ya es hora de dibujar un nuevo "yo" (véase el gráfico de esta página).

Podrás ver cómo hemos vuelto a añadir los términos "parece real" y "es real". Daba la sensación de que yo estaba separado de mis colaboradores, de mis clientes y de mis proveedores, así como de todo el resto del mundo. Podrías dejar que sus problemas siguieran ahí, no tendrías que prestar demasiada atención a su éxito, porque en realidad no me afectaba de una manera directa o importante.

Pero ahora piensa por un momento. Si el karma es una realidad —si todas y cada una de las cosas que me suceden son un eco de algo que he hecho por otra persona—, entonces tú eres yo. Se acabó la filosofía sustentada en castillos en el aire o en mentiras piadosas, ¡por favor! Estamos hablan-

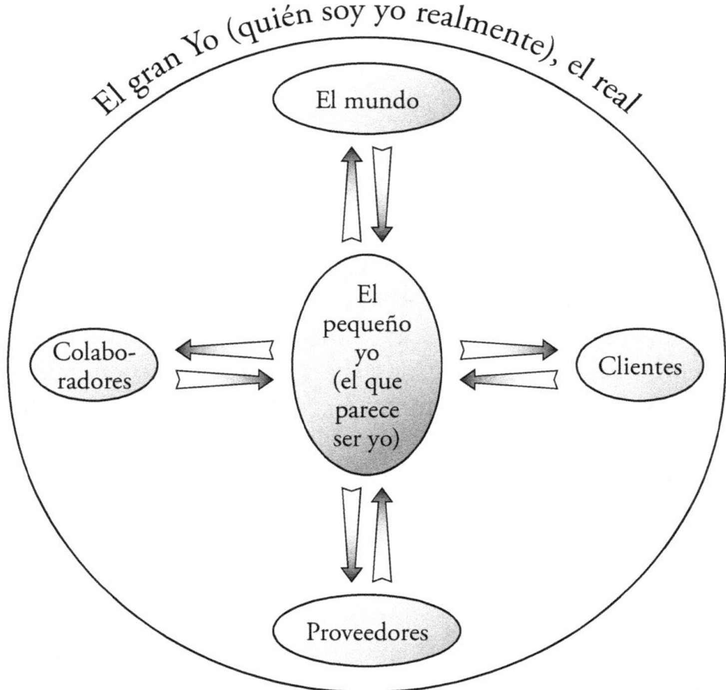

do de números reales, de negocios reales. El *verdadero* yo es el importante: aquél que incluye a todo el mundo que nos rodea. Acostúmbrate a él. Es mucho más sencillo dedicar todo tu corazón a hacer que los demás tengan éxito una vez que se atraviesa esta barrera de pensamiento que hace que estén separados de ti.

UN BREVE COMENTARIO SOBRE LA COMPETENCIA

Ahora fijémonos en otro de los círculos que aparece en el dibujo: el que dice "El Mundo". Ese círculo también se trata simplemente de una línea y, teniendo en cuenta lo que sabemos ahora, podría tratarse de una línea muy engañosa. Cualquier persona que aún no haya oído hablar de la gestión empresarial kármica –cualquier persona que se haya quedado atascada jugando con las probabilidades que hay en la vida– pensaría que es natural ver el mundo como algo que les sucede *a* ellos y no como algo que procede *de* ellos.

La compañía ha contratado a un nuevo y brillante ejecutivo y me pide que le enseñe a hacer mi trabajo y, de repente, tengo la sensación de que mi propio puesto en la compañía se ve amenazado. Las fábricas que se encuentran en otros países comienzan a lanzar productos, a un gran precio, los mismos hornos microondas que produce mi compañía y, de repente, tengo la sensación de que mi trabajo, o mi empresa o, incluso, mi propio país están amenazados.

No podría estar más equivocado. Tienes que mirar más allá de las causas aparentes y encontrar las causas que son reales. El karma dice que todo lo que me sucede procede *de* mí. Y, por tanto, puedo hacer que suceda lo que yo quiera proyectándolo primero hacia los demás.

¿Qué significa esto en el caso de la competencia, tanto si procede de la oficina que se encuentra en el vestíbulo como si procede de la otra parte del mundo? Llegados a este punto, te recomiendo que te abroches el cinturón.

Estamos a punto de hacer saltar por los aires cincuenta mil años de un condicionamiento que está arraigado con fuerza en nuestro interior.

Cuando la compañía te pida que impartas formación al joven y nuevo ejecutivo, dedícate a ello con todo tu corazón. Conviértelo en la mejor superestrella corporativa que puedas. Cuando se lanza un producto procedente del extranjero que supere al tuyo, cómprate uno —y pide a todos a los que conoces que hagan lo mismo—, para que así esos trabajadores extranjeros puedan empezar a disfrutar del mismo nivel de vida confortable que llevas tú.

"¿Por qué iba a hacer una cosa así?", exclamarías. Pues porque debes hacerlo. No te queda otra alternativa. *Tienes* que conseguir que los demás alcancen el éxito, incluso aquellas personas que están compitiendo contra ti. ¿Y sabes lo que pasará? Todo ese karma va a rebotar hacia tu persona y *va a provocar que el mercado se abra de par en par*.

Tu pequeño protegido realizó un trabajo tan bueno que la cúpula directiva tomó la decisión que más temías: le dieron tu puesto. Y estaban tan impresionados con el modo en el que tú manejaste esa situación que crearon una nueva vicepresidencia y te ascendieron a ese puesto.

Y, de repente, te encuentras con este enorme pedido en tu mesa de trabajo —de hecho, es el mayor que has realizado jamás— porque el gobierno de algún otro país acaba de comprar uno de los hornos microondas de *tu* compañía para instalarlo en la cocina de todas las estaciones de ferrocarril del país.

Así es como realmente funciona; estamos hablando del nivel "es real". Estamos hablando de una forma segura de alcanzar el éxito. Olvídate del *yo* contra el *tú*. Olvídate del *nosotros* contra el *ellos*. Fomenta el éxito para todo el mundo.

Un último comentario al respecto. Cuando te comportas de esta manera —cuando te saltes los límites y trabajes en aras del éxito de todo el mundo— entonces, por primera vez en tu vida, estarás actuando en armonía con las leyes que rigen el universo. Por primera vez estarás trabajando en sincronización con el propio flujo de poder que crea todas las cosas. Y entonces, de forma natural, comenzarás a sentir esta profunda sensación de paz y de satisfacción personal.

¿Alguna vez llegaste a pensar que solo un país del mundo iba a prosperar mientras todos los demás seguirían sumidos en la pobreza? ¿Así es como se supone que tienen que ser las cosas?

LA RESPONSABILIDAD DE UNA MADRE

Analicemos de nuevo el último gráfico. Hay una cosa muy importante que tienes que observar al respecto. Tus clientes son tú mismo: sí, ahora me doy cuenta de ello. Pero *Tú* también eres *sus clientes*. ¿Qué significa eso?

Todo se ha iniciado a partir de nosotros: nosotros actuamos y, a continuación, toda la maquinaria comienza a ponerse en marcha. Si no actuamos, o no lo hacemos de manera eficaz, entonces todos los demás sufren. Por tanto, en todo momento, debes trabajar a tu máxima capacidad *por el bien del mundo. Te necesitamos.*

Ahora han cambiado las tornas. No sólo estás trabajando para tí mismo. Un directivo de la gestión empresarial kármica debe trabajar para todo el mundo, durante todo el día. Eres como una madre que tiene cuatro hijos a los que alimentar, vestir y convertir en buenas personas. Tienes que estar en plena forma en todo momento, porque hay muchas personas que cuentan contigo. Necesitamos una Mamá que sea sana y, lo que es más importante, necesitamos una Mamá que tenga *una mente despejada.*

¿Por qué? Porque la cosmovisión de la gestión kármica es más escurridiza que un cerdo untado en grasa. En cuanto te agotes o te distraigas, en cuanto cojas un resfriado o tengas una discusión con tu pareja durante el desayuno, todo esto de la gestión empresarial kármica va a saltar por los aires. ¿Por qué diablos pensé que sería bueno ceder mi puesto de trabajo a otra persona?

En resumen, tenemos que mantenerte en forma desde el punto de vista físico, mental y emocional –tienes que mantenerte en forma– ya que, de lo contrario, no vas a ser capaz de conservar tu puesto cuando esa oleada de cincuenta mil años de acondicionamiento cultural amenace a tu pequeña cosmovisión de la gestión kármica. Necesitamos que tengas la mente despejada, en todo momento, ya que de lo contrario volverás a estar esclavizado por las probabilidades desde el primer día.

Y, así pues, ahora tienes que comprometerte con el Programa de Siete Puntos para lograr una Mente Despejada.

EL PROGRAMA DE LOS SIETE PUNTOS

1. *Practica yoga.*

Una de las cosas que los tres autores tenemos en común es que disfrutamos de una práctica del yoga regular y prolongada. Los ejercicios de yoga se han diseñado a lo largo de miles de años para que ejerzan el máximo efecto en los caminos sutiles por donde se desplazan nuestros pensamientos, dentro de nuestro cuerpo. Esto significa que si practicas adecuadamente el yoga, comenzarás a pensar de manera más clara. Tendrás más capacidad para alcanzar el éxito en la gestión empresarial kármica. Veinte millones de americanos ya practican el yoga porque se han dado cuenta de lo mucho que les ayuda en su rendimiento.

Lo más complicado del yoga es practicarlo por primera vez pero, una vez hecho eso, todo lo demás va a salir bien. Hay muchos tipos distintos de yoga y, afortunadamente, casi todos proceden de unas bases positivas y auténticas que te proporcionarán los beneficios que desees. No sientas reparo en probar todo tipo de especialidades de yoga antes de decidirte por una. Encuentra un lugar al que te resulte fácil acceder y elige un estilo de yoga que se ajuste a tu personalidad. A continuación, te ofrecemos algunas de las posibilidades que podrás encontrar:

- *Ashtanga*: fuerza, estructura, tradición (este estilo también se llama vinyasa, Mysore, Flujo Swenson y, algunas veces, yoga energético).
- *Iyengar*: alineación, técnica, conocimiento del cuerpo.
- *Hatha:* suavidad, estiramiento, un buen punto de partida.
- *Sivananda*: tradición, espiritual, un yoga para toda la vida.
- *Bikram*: habitación calentada, secuencia auténtica, profesional.
- *Anusara*: trabajar desde el corazón, eficaz, dirigido a los detalles.
- *Jivamukti*: espiritual, eficaz, inspirado.
- *Forrest*: el poder femenino, fuerza, confianza en uno mismo.
- *Dharma Mittra*: el maestro de yoga, espiritual, profundo.
- *Yoga tibetano del corazón*: gestión empresarial kármica del yoga, antiguo, basado en la sabiduría.
- *Reconstituyente*: si padece problemas físicos previos.
- *AcroYoga*: yoga con una pareja, divertido, saludable.
- *Prenatal*: para un parto y una recuperación más sencillos, sanos y seguros.

2. Comienza a practicar la meditación

Los tres autores también llevamos mucho tiempo practicando de manera regular la meditación. Podríamos decir que la meditación ha marcado la diferencia. Uno se siente más relajado, es capaz de pensar con mayor agudeza, es capaz de percibir las oportunidades, tienes más capacidad para acabar con los problemas.

Mientras que casi todas las formas populares de yoga proceden de las mismas auténticas raíces, algunas veces resulta difícil encontrar una preparación en la meditación que sea verdaderamente profesional. Se pueden encontrar algunos conceptos básicos –respiración, observar los pensamientos de manera relajada– en un estudio de yoga local o en un centro de Dharma. En el caso del yoga y la meditación, no pienses que tienes que aceptar cualquier tipo de filosofía para ponerse en marcha. Utiliza los dos para alcanzar los objetivos que nos proponemos aquí. Si, a lo largo de tu vida, las cosas cambian y decides que quiere ir más allá, eso depende de ti.

Resulta difícil juzgar si un profesor está lo bastante cualificado, pero se puede afirmar que si su propia meditación funciona, entonces va a ser un maestro tranquilo, amable y con la mente despejada. Por tanto, trata de encontrar esas cualidades y, una vez más, no tengas miedo de probar distintos métodos. Si has llegado a un punto en el que tienes la sensación de que deseas convertirte en un auténtico practicante de la meditación –lo cual hará que seas más capaz y más preclaro como persona y como profesional de los negocios– entonces te recomendamos que busques en los programas ACI y en el material de lectura que aparece en el capítulo final de este libro.

3. Sigue un código ético personal.

Nuestra ética en el trato diario con los demás es un karma muy especial que decide nuestra manera de pensar: dicta los pensamientos que escuchamos en nuestra propia mente, durante todo el día. Una vez más, eso no tiene por qué formar parte de ninguna tradición espiritual en particular, ya que es asunto tuyo. Pero hay cuatro o cinco elementos que deberían formar parte de cualquier código ético que decidas adoptar:

Proteger la vida: bajo ninguna circunstancia, debes hacer daño físico a cualquier persona o ser vivo e, incluso, debes tratar de evitar cualquier palabra o pensamiento que pueda dañar a los demás.

Respetar las cosas de los demás. Nunca debes robar, ni tampoco hacer algo que se acerque a un robo: no debes realizar llamadas telefónicas personales en horas de oficina, no debes hacer trampas en las cuentas ni en los impuestos.

Respete las relaciones de los demás. Nunca hagas nada que pudiera amenazar una relación de una pareja o de unos socios.

Sé sincero. No mientas, ya que mentir significa dar a los demás una impresión sobre las cosas que tú sabes que no es cierta.

Muchas tradiciones espirituales añaden un quinto elemento: ten cuidado con no abusar del alcohol o de las drogas. Por decirlo de forma sencilla, son una pérdida de tiempo y de dinero y, al final, acabarán por aniquilar cualquier esperanza de tener una mente despejada y de llevar una vida marcada por el éxito.

4. Sigue aprendiendo.

La invención del libro fue algo maravilloso. Antes de su aparición, lo único que podías hacer era limitarte a escuchar todo lo que las personas de nuestro tiempo contaban sobre el mundo que nos rodea. En la actualidad, si lo deseas, puedes pasar un par de horas en una librería y regresar con algunas de las obras escritas por las mentes más preclaras de los últimos veinticinco siglos, sentarse y pasar la tarde con ellas.

Existe una razón que explica por qué algunos libros han superado con éxito la prueba del tiempo. Estos libros tienen algo que contar que puede hacer que tu vida sea más sencilla y esté marcada por el éxito. Y, como remate final, puedes profundizar todavía más en la nueva sabiduría ancestral sobre la que se basa la gestión empresarial kármica: una sabiduría que, por primera vez, está empezando a ser plenamente accesible. Una vez más, al final del libro, podrás encontrar información al respecto.

Nunca dejes de aprender, todo lo que puedas, independientemente de si se trata de un nuevo programa informático o de algunas palabras en otro idioma o de una forma de cocinar procedente de otro país. Aprender hace que la mente se mantenga joven, clara y ágil.

5. Sirve a los demás.

Una vida humana no es completa si cada día no haces de manera voluntaria al menos una cosa buena por los demás. En el caso de la gestión empresarial kármica, por supuesto, ya hemos analizado este punto. No lo olvides. Descubrirás que no existe mayor satisfacción que ayudar a los demás y que cuanto más tiempo dediques a ello, con más tiempo contarás y habrás hecho más cosas: así funciona el karma.

6. Aliméntate de manera inteligente

¿Cómo dices? ¿Acaso se puede comer de manera inteligente? ¿Cuánta inteligencia se precisa para comer?
Mucha.
Aquellas personas que viven en países ricos han sido educadas, desde la infancia, para comer mal y de manera excesiva. Nuestra dieta nos ralentiza —ralentiza a toda nuestra civilización— haciendo que nos sintamos agotados y con la mente embotada. Se necesita mucha sabiduría e inteligencia para ir contracorriente y aprender a comer de nuevo.
Por lo que se refiere a comer en exceso, no es necesario que realices esfuerzos heroicos si sigues de manera adecuada el Programa de los Siete Puntos. Los mismos caminos interiores del cuerpo sobre los que trabaja el yoga también son los responsables de dictar la cantidad de comida que precisas. Mantén una práctica de yoga constante durante un par de semanas —basta con una o dos veces por semana— y, de repente, descubrirás que simplemente no te *apetece* volver a comer un paquete entero de donuts.
A medida que el tiempo y tu Programa de los Siete Puntos sigan adelante, también descubrirás de manera automática que cada vez te sientes más atraído por el tipo de ali-

mentos que hacen que te sientas sano y que puedas pensar de forma clara: frutas y verduras frescas, alimentos ricos en proteínas que son bajos en grasas e hidratos de carbono.

Una vez más, no te estamos ofreciendo ningún tipo de agenda de la Nueva Era. Puedes pasar unos años atiborrándose a donuts y a café en el trabajo, pero sabes que esos hábitos empiezan a cobrarse un peaje. Tu cuerpo se reblandece y eso hace que tu mente también se ablande y entonces un pensamiento repentino –como hacer que el éxito de la competencia se convierta en una estrategia para alcanzar tu propio éxito– te parecerá un método demasiado estúpido como para probarlo.

Un último comentario sobre la comida: haz lo que puedas desde ahora, pero prométete a ti mismo que vas a seguir esforzándote mentalmente en ello. Si realmente deseas tener una mente despejada, necesitas disfrutar de una consciencia clara, tal y como ya hemos visto con tu código ético personal. Y eso significa que tenemos que empezar a evitar los alimentos que contengan mucho karma negativo. La elaboración de todos los productos cárnicos cada día provoca muchas desgracias y tormentos a cientos de miles de criaturas indefensas. Y, por supuesto, digamos lo que digamos, sabemos que los animales sienten el mismo dolor y el mismo placer que sentimos nosotros: por esa razón mimamos a nuestros perros y acariciamos a nuestros gatos.

Por tanto, a tu propio ritmo, debes ir abandonando el consumo de carne. Habla con amigos que sean vegetarianos sobre cómo puedes sustituir las proteínas de manera responsable. Podemos afirmar desde nuestra experiencia personal que te convertirás en una persona más fuerte: tendrás un mejor tono muscular; lucirás una figura más esbelta y disfrutarás de una mente más aguda, rápida y feliz.

7. Descansa y relájate.

Si comer es una habilidad, entonces descansar es un arte. Por tanto, muy pocas personas saben cómo descansar adecuadamente. Pero si quieres ser bueno en la gestión kármica, necesitarás de toda tu inteligencia, de una inteligencia perfectamente descansada.

Debes dormir las suficientes horas, las que necesites en tu caso, ya que todos somos diferentes. Como la mayoría de nosotros tenemos que levantarnos a ciertas horas para ir a trabajar, para poder dormir muchas horas tenemos que acostarnos temprano. Y eso supone administrar nuestro tiempo de manera inteligente mientras estamos despiertos, de tal modo que tengamos espacio para hacer todo lo que deseamos. Una buena forma de encontrar más tiempo para irnos a la cama temprano es emprender una pequeña campaña que nos ayude a simplificar nuestra vida.

Para ello, puedes empezar por fijarte en las cosas que nos hacen perder mucho tiempo, como ver la televisión o Internet, ya que muchas veces enviamos correos electrónicos que son innecesarios. Los periódicos y las revistas también son culpables. En realidad no necesitas saber qué es lo que el Presidente ha desayunado hoy o qué es lo que piensa tu tío sobre los hijos de su primo. Toda esta información y estos estímulos adicionales saturan la mente y hacen que resulte difícil relajarse y dormir por las noches. Si dispones de unos minutos extra por la noche, no los dediques a navegar por la Red. Sal a la calle, da un paseo, contempla los árboles, observa las estrellas.

Mientras te encuentras realizando alguna de esas actividades, dirígete a tu casa y despréndete de cualquier objeto que no hayas utilizado en los últimos seis meses. Todas esas cosas ocupan espacio en tu mente, haciendo que esté saturada y que sea incapaz de relajarse.

Observa si puedes aprender a sentarte y a permanecer inmóvil durante diez minutos, en silencio, pensando en las cosas buenas que hay en tu vida y en el mundo. Aprende a relajarte. Descansa. Todos los demás te necesitamos, fresco y con la mente despejada.

La vida real

LAMA CHRISTIE

Muchas, muchas personas han contribuido a hacer que nuestra Universidad Diamond Mountain haya sido un éxito, pero puedo decir con orgullo que fui yo quien sugirió a los demás lo que, en mi opinión, era la piedra angular de ese éxito: la Política de la 1 del mediodía.

Ninguna clase ni cualquier otra actividad instructiva similar podían tener lugar en la DMU antes de la una de la tarde. A los alumnos –y al personal– se les animaba a dedicar las horas de la mañana a realizar la misma práctica de desarrollo personal que se describe en el Programa de los Siete Puntos de la gestión empresarial kármica.

Un estudiante prototipo se levanta, se prepara una taza de té de hierbas y comienza el día realizando una sesión de meditación. Esta sesión puede tardar desde quince minutos hasta más de una hora, dependiendo de cuánta experiencia tenga ese alumno en la práctica de la meditación.

La mayoría de alumnos han sido adiestrados en una serie de técnicas de meditación y eso ayuda a mantener las ideas frescas e interesantes. Pueden practicar una meditación para solucionar problemas, tratando de averiguar por qué un amigo se ha enfadado con ellos esta semana; o pueden realizar una meditación de revisión, analizando los ocho problemas típicos que se presentan en la meditación, para sellar esa información en su mente; o pueden practicar una meditación fija, mirando a un punto de silencio que se encuentra en el corazón.

Una vez que han acabado de meditar, se levantan y empiezan a realizar sus ejercicios de yoga. Por cierto, hemos descubierto que es más sencillo practicar los ejercicios si los realiza junto a un compañero o a un amigo. De ese modo, cuando uno de ellos siente pereza, el otro le anima a seguir adelante. Los grupos pueden llegar a ser muy divertidos y los alumnos de la DMU siempre tienen la opción de juntarse con los demás para realizar la práctica de la meditación o del yoga de la mañana.

No fomentamos la práctica de ningún tipo de yoga en particular. Todas las personas somos diferentes y la razón de que haya tantos tipos distintos de yoga es que cada uno de ellos es el más adecuado para ciertas personas.

Tampoco exigimos que dediquen una cantidad específica de tiempo a realizar la práctica del yoga ya que, una vez más, eso depende de en qué punto se encuentre cualquier individuo. Pero lo que realmente *fomentamos* es que su práctica de la meditación y del yoga sea regular: es preferible practicar sólo quince o treinta minutos diarios que realizar un enorme esfuerzo un día y luego estar otros tres sin hacer nada.

Después de practicar el yoga (tanto el yoga como la meditación se practican mejor con el estómago vacío) los alumnos toman su primera comida del día. Una vez más, no estipulamos ningún tipo de dieta especial —ya que cada persona tiene un cuerpo distinto— pero hay algunas cosas que, sin lugar a dudas, hacen que casi todo el mundo se sienta bien. Una de ellas es un zumo recién exprimido: compra un pequeño exprimidor de naranjas eléctrico y adquiere el hábito de exprimir cuatro naranjas cada mañana. En una semana comprobarás cómo la vida que emana de la fruta fresca comienza a saber como si fuera chocolate, llenándote de una energía de la que no habías disfrutado desde que eras un niño.

Comienza a apartarte del café y luego del té con cafeína. Empieza a sustituir la grasa de la leche de vaca por las proteínas puras de la leche de almendras, que con el tiempo conseguirán que también te sientas más renovado. También puedes disfrutar de la leche de almendras acompañada de algún cereal, pero debes adquirir la costumbre de revisar las etiquetas de las cajas de los cereales y evitar aquéllos que tengan un elevado contenido en azúcar.

Después de eso, un alumno comienza su aprendizaje diario. Nosotros fomentamos los antiguos métodos tibetanos:

no hay ordenadores a esa hora del día, porque (¿lo hemos mencionado ya?) tratamos de mantener el silencio verbal y la quietud mental durante toda la mañana. Por tanto, el método tibetano consiste en que lo primero que hay que hacer es sacar el libro que estamos estudiando y repasar el sumario durante unos minutos, por ejemplo los nombres de los primeros cinco capítulos. Luego debe cerrar los ojos y comprobar si es capaz de repetir mentalmente los nombres de esos cinco capítulos. En el plazo aproximado de una semana, puede repetir todos los capítulos por orden, lo cual significa que automáticamente es capaz de captar el entramado completo de todo el libro.

Y todo lo que ha aprendido se quedará grabado en su cabeza: se puede recuperar en cualquier lugar, en cualquier momento, para pensar en ello, tanto si se encuentra dirigiéndose a su trabajo como almorzando o en una sala de espera.

A continuación, sigue adelante y lee ahora mismo cualquier parte del libro, reflexionando al final sobre cómo esta parte encaja en la idea global y cómo podrías aplicarla desde hoy en tu propia vida.

Una vez hecho eso, un alumno suele dedicar un par de horas a un proyecto en el que esté trabajando para enseñar o ayudar a alguien que lo necesite, ya que casi todos los alumnos de la DMU están inmersos en alguno de ellos. Una vez más, toda esta tarea es completamente voluntaria. Ni siquiera *cobramos* por las clases en la DMU.

Debemos sentir el deseo de tener éxito: nadie puede hacer eso por nosotros.

A continuación, si no es un alumno a jornada completa, es probable que tenga que ir a trabajar mucho antes de la una del mediodía; pero habrá asimilado la idea general: estará ajustando los Siete Puntos a su propio horario. Lo que realmente quiero que entiendas es lo *fantástico* que uno se siente cuando tiene las ideas claras. La Política de la una del mediodía que aplica nuestra universidad realmente funciona: hace que tanto los alumnos como el personal docente sean individuos sanos, perfectamente equilibrados y con las ideas claras. Junta a unas cuantas de estas personas en un aula (algo que sucede por las tardes) y observa su excitación: compruebe el simple placer de aprender, a 160 kilómetros por hora.

He compartido algún vuelo con un par de alumnos de la DMU y he visto cómo la auxiliar de vuelo se detenía junto a ellos y decía: "¡Desprenden un brillo de satisfacción especial! ¿Cómo lo consiguen?". De hecho, he visto muchas veces cómo sucede esto. Es lo que hace que una profesora se sienta muy orgullosa.

Esto nos lleva a un último punto. Sí, eres nuestra Madre y contamos contigo para estar sanos y fuertes, porque tú eres el único que hace que tengamos éxito. Pero si piensas en ello, las madres siempre hacen algo más, incluso cuando no están realizando ninguna tarea en especial. Y ese algo es ser un ejemplo para los demás.

Las personas nos miramos los unos a los otros a todas horas, durante todo el día. Si empiezas a desprender un brillo especial y a actuar como una superestrella en el trabajo porque tu mente se encuentra perfectamente despejada, entonces la gente se va a dar cuenta de ello. Van a ser conscientes de lo que estás consiguiendo y van a empezar a hacer algo que esté en la misma línea. De ese modo, habrá más éxitos para todo el mundo.

TU LISTA DE TAREAS

Hemos pensado en algo. Queremos que este nuevo libro sea un éxito; queremos que todos los programas de la gestión empresarial kármica sean un éxito. Lo cual significa que tú tienes que poner en marcha tu propia práctica personal de los Siete Puntos. Y eso supone que vamos a tomar medidas en tu lista de tareas. Para hoy tienes que hacer dos cosas:

1. Tienes que entrar en Internet y encontrar tres centros de yoga que se encuentren cerca de donde vives y debes acudir al menos a una clase esta semana y, una vez hecho eso, debes acudir a una clase por semana, hasta que encuentres un centro y un maestro que sean de tu agrado. Y, a continuación, empezarás a practicar yoga en ese centro una vez por semana.

El domingo por la tarde es un momento de relax para la mayoría de los centros, con un agradable grupo que está formado por personas que, como tú, trabajan durante la semana. Nosotros nos acordamos perfectamente de nuestra primera clase de yoga. Éramos las personas menos flexibles de la clase y, cuando salíamos, nos íbamos corriendo a cenar y a atiborrarnos de tortitas. Después, durante dos días, andábamos cojos como si fuéramos patos y nos dolía todo el cuerpo.

Pero nos sentíamos orgullosos de nosotros mismos y nunca miramos hacia atrás. Tú eres el principiante; tienes que superarte. En unos meses estarás presumiendo delante de todos los recién llegados a tu clase.

2. Tienes que encontrar a alguien que te enseñe a practicar la meditación. Cuando vayas a tu clase de yoga pregunta por un buen maestro. Sigue intentándolo hasta que encuentres a un maestro con el que realmente conectes. Y, a continuación, empieza a meditar cada día de la semana durante diez minutos. (Resulta mucho más sencillo si lo haces en el mismo sitio y a la misma hora cada día).

Ahora sigue adelante. La vida es corta. Este nuevo concepto de la gestión empresarial kármica es tu gran oportunidad para tener éxito. Hazlo por nosotros.

DEJAR DE TOMAR DECISIONES

> **SABIDURÍA ANCESTRAL**
> Esto no.
> Esto tampoco.
> *Nagarjuna el Sabio, 200 a. C.*

LAS DECISIONES SÓLO ENGENDRAN MÁS DECISIONES

Ahora que tu mente se ha agudizado completamente y has comprendido el concepto de conseguir que los demás tengan éxito, llegó la hora de empezar a hablar de la técnica. Esto significa que tienes que dejar de tomar decisiones.

Las decisiones son fruto de la incertidumbre que producen las probabilidades. Estás acostumbrado a tener que tomar decisiones porque todo este tiempo has estado dependiendo de las probabilidades. De hecho, hay una decisión importante que tienes que tomar hoy, cuando te encuentres en el trabajo, ya que, de lo contrario, es evidente que las cien mil cajas de bombones no se van a vender en los cuatro meses que todavía te quedan de plazo.

Y esa decisión será: ¿vamos a limitarnos a seguir enviando publicidad por correo ordinario o vamos a poner algunos anuncios en la Red? (Por supuesto, el presupuesto que te ha dado el rácano de tu jefe sólo llega para que pruebes con uno de los dos métodos, pero no con ambos).

Dibujemos una ilustración de tus opciones, como la que llevamos haciendo a lo largo de este libro, ya que seguramente te ayudará a tomar una decisión con mayor facilidad.

Ah, aquí la tenemos. Es necesario tomar una decisión simplemente porque no es *seguro* que cualquiera de los dos métodos vaya a funcionar.

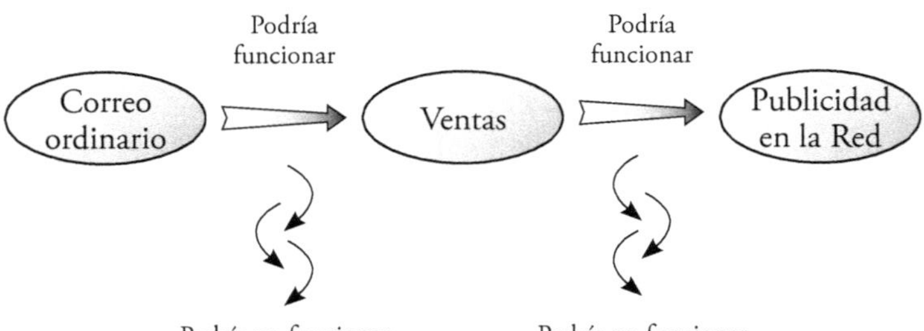

Si piensas en ello, ¿qué significa estar bendecido por la junta directiva y convertirse en un directivo? Todo está relacionado con demostrar quién tiene las agallas (o la locura) de sentarse en esta pequeña silla del jefe y señalar a todo el equipo del proyecto cuál es el camino a seguir. Especialmente cuando cualquiera que sea sincero diría que no tenemos la seguridad de que nada de lo que probemos vaya a funcionar.

Pero eso no es todo. El problema es que las decisiones engendran más decisiones, porque la propia incertidumbre tiende a multiplicar la incertidumbre y el estrés en la cabeza del pobre Director del Proyecto (nosotros). Es decir, desde el mismo momento en el que decides con valentía colocar publicidad en Internet, uno de los miembros de tu equipo de proyecto va a sugerir un anuncio en Internet "minimalista": "Ya saben, algo como lo que hace Apple con la caja del iPod. ¡No se trata de una simple página de instrucciones! ¡Es decir, tenemos que poner la imagen de nuestra caja de bombones y —atención ni siquiera aparecerá el *nombre* de la compañía, por ninguna parte, y no dirá una sola *palabra* sobre cómo comprar los bombones! Y entonces, bueno, toda la Red va a sentirse intrigada por la siguiente pregunta: *¿Dónde puedo comprar estos bombones?*

Y, por supuesto, otro miembro del equipo lanzará una mirada de incredulidad y dirá: "Apostemos por un enorme número 800 colocado debajo de un corazón rojo, junto a la imagen de una persona que se está lamiendo el chocolate de los dedos. Todo el mundo sabe que eso funciona. Lleva siendo una fórmula ganadora desde siempre". Y, en ese momento, tu vida comenzará a parecerse al gráfico que aparece en la página 66.

LOS PROS Y LOS CONTRAS

A esta confusa imagen necesitamos añadir una lista de pros y de contras, porque cada vez que te ves obligado a tomar una decisión importante aparece una larga lista de pros y de contras. En este caso, en el del anuncio minimalista que aparece en la red, una versión reducida de la lista tendría el aspecto que aparece en la tabla de la página 67

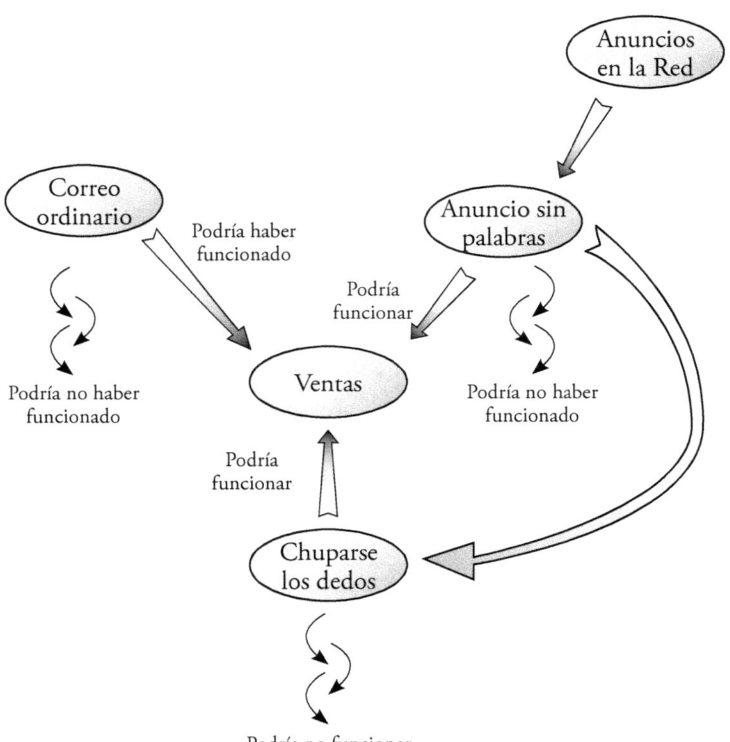

Propuesta de anuncio minimalista en la Red

PROS	CONTRAS
1. Cobertura a un mayor número de población al mismo precio	1. Es fugaz: no se queda durante una semana sobre la mesa de la cocina.
2. Su producción cuesta menos dinero	2. Puede que no llegue hasta los clientes de mayor edad y poder adquisitivo que no utilizan mucho la Red
3. Es fácil de modificar a medida que se van logrando resultados	3. Hay demasiado poco espacio para diferenciarnos de nuestros competidores.

El problema es que esta lista de pros y de contras inmediatamente va a dar lugar a *otra* lista mental, que es la lista de "pros convertidos en contras". Es decir, sabemos en lo más profundo de nuestro interior que incluso los pros son inciertos; que existe una probabilidad razonable de que se conviertan en contras. Tenemos que pensar de antemano en ello para así poder cubrirnos las espaldas de manera rápida.

Propuesta de anuncio minimalista en la Red

PROS	PODRÍA SALIR MAL
1. Cobertura a un mayor número de población al mismo precio	1. Si más personas ven los pequeños anuncios en la Red, podría hacer que nuestros bombones parezcan baratos y dejen de ser exclusivos.
2. Su producción cuesta menos dinero	2. Los electrones son más baratos que el papel, pero los diseñadores de Internet que son realmente buenos son rápidos y caros y muchas veces te dejan plantado en mitad de una campaña de publicidad sin posibilidad de encontrar un sustituto.
3. Es fácil de modificar a medida que se van logrando resultados	3. ¡Vamos! ¿Cómo se puede medir el éxito de un anuncio en la Red? Todo el mundo sabe que las cifras de visita a una página web siempre están infladas por clics accidentales realizados por personas que buscan zapatos de gamuza de color *chocolate*. ¿Y te acuerdas de que el diseñador de la Red se ha marchado? ¿O acaso va a volver a contratarlos de nuevo por el doble de precio como asesores sólo para que cambien un anuncio?

Sabes muy bien que esta nueva lista no se trata simplemente de una broma. Si eres un directivo, verás que este tipo de cosas te suceden cada que vez que elaboras una lista de pros y de contras. Pero fijémonos en una cosa: en la página siguiente aparece un mapa de tu mente, relacionado con esta pequeña decisión (hemos sido magnánimos y hemos eliminado todo el texto).

Ahora multiplica esto por todos los cientos de decisiones importantes y triviales que tienes que tomar para liderar a tu equipo de proyectos con el fin de conseguir que vendan las cien mil unidades. ¿Quieres saber por qué los

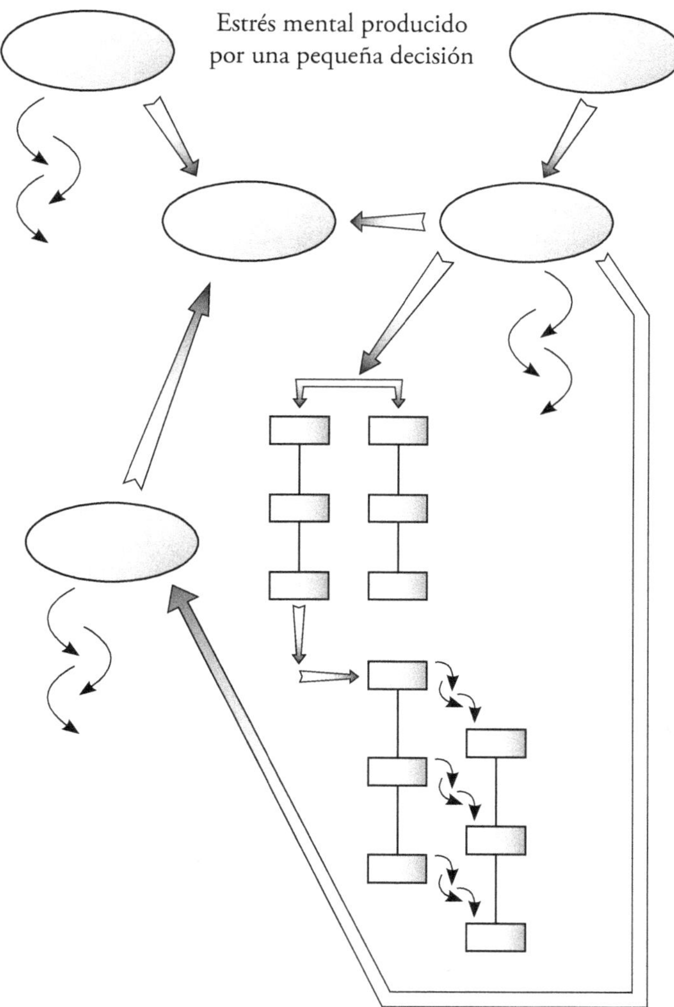

directivos intermedios de las grandes corporaciones cobran tanto dinero? Porque vivir en esta complicada incertidumbre mental es una agonía tan grande que nadie haría ese trabajo por menos dinero. Sabes que eso es así. Por tanto, ha llegado la hora de dejar de tomar decisiones. Veamos cómo puedes librarte de ellas.

La vida real

GUESHE MICHAEL:

Nuestra compañía creció con tanta rapidez (duplicando su tamaño y sus ventas anuales durante años) que el espacio de trabajo siempre escaseaba. Comenzamos a alquilar espacios cada vez más grandes y, por fin, nos la jugamos y adquirimos nuestro propio edificio de nueve pisos en Manhattan, con maravillosas vistas al río Hudson. El problema era que había que llegar al puesto de vicepresidente para conseguir una ventana que diera al exterior.

En aquel momento, John Esposito consiguió el puesto de vicepresidente antes que yo, lo cual hacía que me paseara muerto de celos por delante de su oficina. Es decir, no sólo quería conseguir mi propia ración de luz natural, sino que también quería conseguir mi propio despacho, donde pudiera cerrar la puerta y disfrutar de un poco de privacidad. Y por si eso fuera poco, cada mañana un ejemplar del *Wall Street Journal* asomaba por debajo de su puerta, depositado allí personalmente por el encargado de repartos.

Por tanto, una mañana me encontraba paseando por el vestíbulo y decidí agacharme, quitarle su periódico y llevármelo a mi reducido cubículo. Puse los pies sobre la mesa, me recosté en mi silla y comencé a leerlo, como si el periódico fuera mío. Pero entonces sucedió algo extraño.

La noticia que aparecía en el titular hablaba de un banquero especialista en inversiones que había asumido un enorme riesgo no autorizado con los fondos de protección de la compañía y lo había perdido todo. Había intentado fugarse a Hong Kong y en el periódico aparecía una enorme foto de aquel tipo mientras lo conducían esposado a Jetway, acompañada de una serie de comentarios vertidos por Analistas Respetados sobre lo estúpido que había sido al haber realizado un movimiento tan arriesgado. Hasta ahora, todo iba bien.

Pero en la segunda página aparecía un enorme artículo sobre George Soros, un personaje que había asumido un riesgo todavía mayor con el dinero de sus clientes, invirtiéndolo todo en los mercados de valores británicos. Había obtenido unas ganancias de mil millones de dólares en un solo día –lo cual era todo un récord– y los mismos Analistas Respetados que antes criticaban al otro inversor, ahora alababan esta valiente decisión.

Un poco más abajo, en la segunda sección, es donde comienzan las verdaderas noticias de economía: no sólo aparecen las opiniones de la gente, sino las cifras reales de las diferentes compañías. IBM estaba arruinándose e incluso daba la sensación de que iban a verse obligados a vender toda su empresa de ordenadores personales a alguna empresa china. Los Analistas les pedían a gritos que dejaran de ser tan conservadores en sus métodos: ¡tenéis que provocar que suceda algo!

Y a continuación, unas cuantas páginas más atrás, había un extenso artículo alabando a la empresa de ordenadores Hewlett-Packard por haber adoptado un método tan conservador y de probada fiabilidad en sus productos y servicios, añadiendo que eso era lo que les permitía seguir siendo una de las empresas con más beneficios.

En ese momento –en ese preciso momento– me vino a la cabeza la idea de que, en realidad, el hecho de asumir riesgos o de ser conservador no tenía relevancia. Daba la sensación de que no importaba qué decisión tomaba uno: no importaba si funcionaba o si no, y la *razón* que explicaba por qué el *Wall Street Journal* tuviera tantas páginas era para informar de lo cierta que era esa idea en todo el mundo.

Pero absolutamente nadie parecía estar dándose cuenta de ello. Los Analistas continuaban debatiendo los pros y los contras, todos los pros y los contras que suenan muy razonables y convincentes pero, al final, siempre pasa lo mismo. *Cada vez* que tomamos una decisión, no tenemos ni idea de si va a funcionar.

Es alucinante. De repente, dejé de querer que me llevaran el *Wall Street Journal* a la oficina. Regresé al vestíbulo y deslicé el periódico furtivamente por debajo de la puerta de John. Dentro del despacho, se escuchaban las voces de dos personas debatiendo sobre si deberíamos asumir un riesgo en una nueva línea de productos o aferrarnos a la línea conservadora que hasta ahora habíamos llevado.

TU LISTA DE TAREAS

Esta vez tienes tres nuevos elementos en tu lista de tareas:

1. Sal a practicar la relajación en silencio, llevando contigo tu libreta de gestión empresarial kármica. Mira a tu alrededor y trata de encontrar esa lista de cinco cosas que se suponía que tenías que haber hecho esta semana. Al lado de cada una de ellas, deberías haber anotado algunas de las probabilidades de éxito. A continuación, junto a cada una de ellas escribe una lista de pros y de contras, tres pros y tres contras. Después, anota las probabilidades que haya de que los pros puedan salir mal. Analízalo detenidamente durante cinco minutos y trata de convencerte de que puede haber un método mejor.
2. Vamos a empezar a cambiar el modo en el que te alimentas. Hay una forma muy sencilla de conseguirlo que no tiene nada que ver con negarse algún placer a uno mismo. Deberías llevar contigo tu libreta de la gestión kármica. A continuación, cada vez que hayas tomado un alimento o un aperitivo durante el día, detente, saca tu libreta del bolsillo y anota todo lo que hayas comido que tuviera mucha cantidad de azúcar o de grasa, o cualquier tipo de estimulante como cafeína (o nicotina). Eso es todo. Simplemente estamos observando, sin llegar a cambiar nada. Y, a continuación, descubrirás que el hecho de observar se convertirá en un cambio. Inténtalo. Verás cómo funciona.

3. Mientras practicas la relajación en silencio, dedica un momento a anotar un código ético que haga que te sientas una persona mejor. No es necesario que escribas más de cinco elementos en total.

Una vez al día, justo antes de acostarte, saca tu libreta. Piensa en cuál de los cinco elementos has tenido más éxito hoy y anótalo empleando una sola frase. Podría ser algo así: "Esta mañana estuve a punto de hacer una llamada personal pero, en su lugar, decidí realizarla durante la hora del almuerzo".

De ese modo se crea todos los tipos de ecos de fondo que contribuyen a la aparición del éxito en tus proyectos, incluyendo la venta de cien mil unidades.

Regla 6 de la gestión kármica

RECARGA TU GRAPADORA

La vida real

ENTREVISTADOR: Los tres habéis tenido mucho éxito. Voy a pediros que penséis en el movimiento más afortunado que hayáis realizado a lo largo de vuestra carrera profesional y que expliquéis por qué decidisteis hacerlo.

LAMA CHRISTIE: Ni siquiera lo tuve que pensar, fue algo que consideré adecuado.

MICHAEL GORDON: Tuve una corazonada y la seguí.

GUESHE MICHAEL: Siempre pensé que tenía que hacerse así.

DAR LA VUELTA A LA INTUICIÓN, EL INSTINTO

Sabemos qué es lo que estás pensando ahora: "Para vosotros es fácil sentaros ahí y decirme que deje de tomar decisiones. Y me encantaría poder hacerlo, porque resulta realmente frustrante. ¿Pero acaso tengo otra alternativa? ¿Qué le voy a decir a mi jefe: que he decidido dejar de tomar decisiones?".

Cálmate. No estamos diciendo tal cosa. Por supuesto, hoy vas a ir a trabajar y vas a tener que tomar unas cuantas decisiones, las mejores que puedas. Pero, al mismo tiempo, vas a empezar a dejar de tomarlas. ¿Cómo se hace eso?

Habla con cualquier persona que realmente triunfe en lo que haga: puede ser un empresario, un músico o una madre. Pregúntale *por qué* siempre realiza los movimientos adecuados en el momento adecuado y te responderá algo parecido a esto: "No sabría decir el por qué. Simplemente es una cuestión de instinto, de intuición".

Todos tenemos un cierto grado de intuición. Cuando hoy te has sentado para abrir de nuevo este libro, no has pensado: "Antes de empezar a leer, tengo que decidir una cosa: ¿con qué frecuencia voy a *respirar* mientras estoy aquí sentado?". No tienes necesidad de preocuparte por la frecuencia con la que respiras, porque se trata de una actividad autonómica y automática. Es un instinto.

A continuación imagina qué complicado sería si —durante todo el día, mientras caminas y haces lo que tengas que hacer— tuvieras que seguir decidiendo si debes respirar en *ese* momento y con qué frecuencia. Efectivamente, pensar en esto a cada minuto acabaría por agotarte mentalmente y ocuparía mucho espacio mental que preferiríamos utilizar para realizar las tareas que tenemos entre manos. Sería *conveniente* que la actividad de respirar permaneciera en la parte instintiva de mi cerebro: dejemos que se quede allí. La parte posterior de mi cerebro parece tomar las decisiones adecuadas sobre cuánto debo respirar sin que yo tenga que ocuparme de ello.

La cuestión que se plantea es la siguiente: ¿Podemos hacer lo mismo con muchas de las decisiones, o con todas ellas, que tomamos para conseguir vender las cien mil bicicletas? ¿Existe una manera de poder sacarlas de la parte de nuestro cerebro que toma decisiones y de trasladarlas a la parte donde se aloja el instinto, la intuición? *¿Cómo es posible* que esos empresarios y artistas geniales simplemente *sientan* que eso es lo mejor que se debe hacer para conseguir siempre alcanzar el éxito? Precisamente eso es lo que te vamos a mostrar ahora.

TODO ES UNA CUESTIÓN DE GRAPADORAS

Como verás, en la gestión kármica, cada vez que llegas a una encrucijada y tienes que tomar una decisión relacionada con un proyecto o tu vida, *ya has fracasado, incluso aunque hayas tomado una decisión y ésta haya funcionado*. Si has realizado correctamente tu gestión empresarial kármica, los acontecimientos habrán salido bien, sin necesidad de tomar una decisión.

Coge la grapadora que se encuentra en tu mesa de trabajo, levántate, dirígete a la mesa de trabajo de otra persona y pregúntale si la grapadora funciona. Te lanzará una mirada de extrañeza, después cogerá una hoja de papel y apretará la grapadora. Si el papel se ha grapado, dirá: "A mí me parece que funciona perfectamente" y sacudirá un poco la cabeza mientras tú regresas a tu mesa de trabajo.

La moraleja que podemos extraer de esta historia es que una grapadora funciona si está cargada y no funciona si no lo está. Cuando necesites una grapadora, no es necesario que corras por toda la oficina comparando todas las grapadoras que se encuentran sobre la mesa de trabajo de tus compañeros. No te quedas allí con una grapadora roja en una mano y una grapadora verde en la otra mientras tratas de tomar una *decisión* sobre qué color de grapadora es la que funciona.

Y es que el *color* de la grapadora no tiene importancia. No tiene sentido ni hay necesidad de quedarse allí tratando de tomar una decisión acerca de qué color de grapadora usar. Lo único que necesitas saber es cuál de ellas está *cargada*, porque *eso* es lo que hará que la grapadora funcione.

Y si sabes que las dos grapadoras están cargadas, entonces *sabrás* que *las dos* van a funcionar. Llegado a ese punto, puedes *seguir adelante con tu primera intuición* y utilizar cualquiera de las dos, *porque van a funcionar de todos modos*.

Así pues, volvamos hacia atrás y anulemos esa decisión que tomaste acerca de qué tipo de publicidad quieres utilizar para vender las cien mil cajas de bombones. Si la acción que has elegido emprender esta *cargada*, entonces tanto el correo directo como los anuncios en la Red van a funcionar: puedes "elegir" cualquiera de las dos opciones, dependiendo de qué es lo que te indique tu instinto. Si la acción que has elegido emprender *no* está cargada, entonces fracasarás, independientemente de lo *semejantes* que sean las dos acciones. (Esa fue la lección que extrajimos del *Wall Street Journal*, ¿lo recuerdas?)

Puedes *dejar* de tomar decisiones, porque eso nunca sirve de ayuda. Puedes *empezar* a cargar tus actos, lo cual *siempre* ayuda. Y todo ello se debe a que en la gestión del mundo por parte del karma, ninguna acción se pasa por alto. Cada uno de los pasos kármicos que emprendas te conducirá *sin ningún género de dudas* a su consecuencia final: recogemos los frutos de lo que sembramos.

Hay una forma muy sencilla de ver esto. Retrocede algunas páginas y examina ese diagrama confuso que tenía tantas flechas. A continuación, cierra el libro e imagina un globo amarillo y cálido. Ésa es la diferencia de estrés que existe entre tomar decisiones y cargar una acción para asegurarse de que va a funcionar.

CÓMO CARGAR UNA ACCIÓN

Todo esto está muy bien ¿Pero cómo puedo "cargar" mis acciones? Vamos, ya hemos hablado de ello antes. Recuerda que la batería permite que el coche se ponga en marcha, no la llave. Cualquier acción que emprendas para hacer que tus socios empresariales kármicos tengan éxito te acarreará, sin ningún género de dudas, un éxito, independientemente de todo lo demás que hagas y de todo lo demás que decidas. Simplemente será algo… instintivo, automático: "De alguna manera, *ya lo sabías*".

Y, por tanto, ahora hemos reducido el dibujo que representa tomar una decisión a una forma agradable, limpia y feliz de seguir adelante con tu carrera profesional:

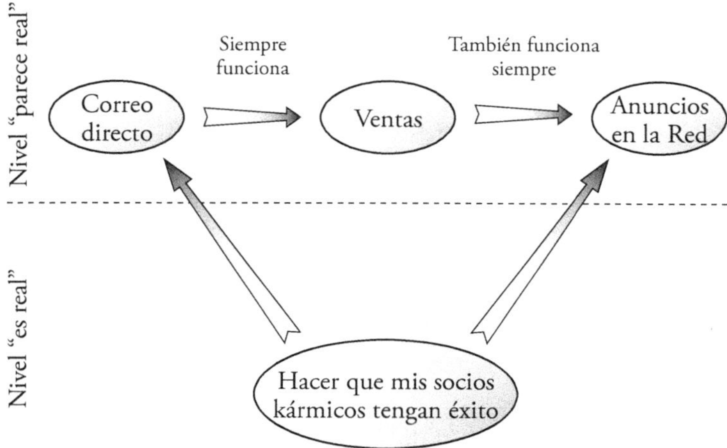

Una vez más, podrás ver que hemos realizado una división entre lo que "parece real" y lo que "es real". Cuando tu jefe entre por la puerta para felicitarte por haber conseguido vender las cien mil cajas de bombones en tan sólo tres meses, lo primero que te va a preguntar es:

—¿Cómo sabías que la publicidad en la Red iba a funcionar?

Entonces, tú harás una pausa y dirás:

—Simplemente tuve la sensación de que era la decisión correcta.

Y entonces te lanzarás un guiño a ti mismo, ya que sabes por qué era el movimiento adecuado: porque te habías preocupado de tus socios empresariales kármicos.

TU LISTA DE TAREAS

Regresemos a la parte más importante de tu lista de tareas, al más importante de los Siete Puntos, a la misma esencia de la gestión empresarial kármica: tus socios empresariales kármicos. Si echas un vistazo a tu libreta de la gestión empresarial kármica, encontrarás que anotaste una descripción de cómo serían las cosas si una persona de cada uno de los cuatro grupos de tus socios empresariales kármicos tuviera éxito. Y ahora ha llegado el momento de ponerse manos a la obra: ha llegado el momento de "cargar" tu proyecto.

- Cada día, todos los días antes de empezar a trabajar, anota una acción específica que vayas a realizar para conseguir que cada uno de esos cuatro grupos tenga éxito. No es necesario que sea algo grandioso. Probablemente *no debería* ser algo grandioso. Simplemente debe ser una tarea que puedas realizar hoy de manera honesta y que contribuya a que *ellos* alcancen el éxito.

No vamos a insistirte más en este elemento de la lista de tareas, el más crucial de todos: recargar tu grapadora. Si realmente quieres tener éxito, empieza por hacerlo desde hoy y conviértelo en un hábito durante el resto de tu vida. De ti dependerá lo lejos que puedas llegar. Eso es lo único que tienes que hacer.

Regla 7 de la gestión kármica

CABALGA SOBRE LOS PROBLEMAS

AVIONES EN LA PISTA DE ATERRIZAJE

Había una vez un magnífico lama tibetano llamado Khen Rinpoche, que dijo: "Los problemas son una cosa positiva, porque nos permiten saber dónde hay problemas". Y esto nos lleva a la metáfora de los aviones alineados en la pista de aterrizaje.

Casi todos los empresarios tenemos que hacer un viaje de negocios en algún momento de nuestra vida. Y, por tanto, pasamos mucho tiempo mirando por las ventanillas de los aviones y preguntándonos si nuestro avión realmente tiene el tercer turno para despegar, tal y como declara el piloto, y cuánto tiempo de retraso va a suponer eso.

El problema es que el karma funciona igual que los aviones. Antes de haber oído hablar de la gestión kármica, ya habíamos invertido muchos esfuerzos en ignorar a nuestros colaboradores, a nuestros proveedores, a nuestros clientes y al mundo entero, o incluso habíamos empezado a "pasar de ellos" de alguna manera. Todas esas semillas kármicas todavía permanecen en nuestra mente: recuerda que nunca se pierde nada, para bien o para mal.

Estas semillas se plantaron hace tiempo y, por tanto, de manera natural —al igual que los aviones que tienen el primer y el segundo turno en la pista y que se encuentran delante de nosotros— van a despegar primero. Por tanto, va a surgir algo que nos va a retrasar a la hora de conseguir vender cien mil tablas de surf.

Y no solo eso. Nadie es perfecto. El primer proyecto que vas a llevar a cabo por medio de las Ocho Reglas de la gestión kármica se va a asemejar, en gran medida, al primer trabajo que presentaste cuando estabas en la escuela primaria. Sí, acuérdate: Bonzo el Canguro gana la carrera. En medio de cada acción que realices de manera voluntaria para hacer que tus socios empresariales kármicos triunfen, vas a emprender otras tres acciones que van a impedirles que obtengan demasiado éxito, simplemente como consecuencia de algún viejo hábito. No pasa nada: una única acción positiva vale un cien por cien más que lo que hicimos en el pasado y eso es suficiente para crear más éxito que el que hayamos tenido antes. Pero las otras semillas negativas van a seguir brotando en los momentos más inconvenientes de nuestro proyecto y van a seguir causando problemas. Tal y como le sucedió a Frank.

POR QUÉ ALGUNAS "MALAS" PERSONAS TIENEN ÉXITO

Hagamos un alto antes de seguir adelante. Llegados a cierto punto –podría muy bien ser ahora–, te vas a preguntar por qué algunas personas –que es evidente que no tratan de que sus colaboradores, sus clientes, sus proveedores y el resto del mundo tengan éxito– parecen siempre salirse con la suya. Y te vas a preguntar por qué algunas personas que *consiguen* que los demás tengan éxito no dan la sensación de triunfar. Hay tres cosas que tienes que recordar sobre el karma con el fin de comprender qué es lo que sucede con esas personas:

1. Nada es "evidente". La verdadera esencia del karma –la auténtica esencia que encuentra tras el potencial kármico de cualquier acción– es lo que la persona está pensando en lo más profundo de su corazón. Hay muchos directivos que "evidentemente" parecen ser mezquinos en el trabajo pero que, en lo más profundo de su interior, realmente desean que la empresa y todas las personas que trabajan en ella alcancen el éxito. Por esa misma razón son tan exigentes y duros con los demás.

   Y también hay muchos directivos que se muestran agradables con sus semejantes, pero no porque en lo más profundo de su corazón deseen que todo el mundo tenga éxito. Simplemente albergan la esperanza de poder pasar el día sin complicaciones. El primer directivo tendrá éxito en su proyecto y el segundo fracasará y la moraleja de esta historia es que el corazón de los seres humanos es un lugar muy profundo: juzgar a los demás es una tarea muy complicada.

2. Tal y como hemos dicho, no sabemos cuántos aviones —cuántas semillas kármicas— tienen preferencia para despegar en el subconsciente de una persona. Las buenas semillas que hemos visto plantadas en los demás se encuentran, sin lugar a dudas, en fila, pero no sabemos hasta donde llega la cola.

3. Necesitas conocer la Segunda Ley del Karma:
El karma siempre crece. Es decir, una persona mezquina puede haber sido realmente generosa, hace muchos meses, de una manera que no alcanzamos a saber. En términos kármicos, no hay ningún problema con que esta pequeña semilla crezca después hasta convertirse en un proyecto completamente exitoso. Un roble de tres toneladas crece de una bellota de treinta gramos; y lo mismo sucede con las semillas mentales.

En resumen, no cabe duda de que existe una justicia cósmica en todas las cosas y todo el mundo consigue exactamente lo que se merece. El tipo de volteretas hacia atrás que la realidad tiene que dar para conseguir que todo el mundo consiga exactamente *lo que* se merece *precisamente* cuando se lo merece está englobado en un concepto llamado "vacío", del que no nos vamos a ocupar en este libro. Pero es algo sorprendente, ¿no te parece? Y, dicho lo cual, regresemos al caso de Frank.

EL DESPIDO INÚTIL DE FRANK

Hablemos de Frank. Tal y como recordarás (aunque nunca hayas escuchado su nombre), era el tipo de tu equipo de proyecto que manifestó que la publicación de los minimalistas anuncios en Internet que sugirió Alice —y que tu flamante intuición te dijo que lo probara— nunca funcionarían.

Y así, tal vez sin darse cuenta de ello, Frank está haciendo todo lo que puede por asegurarse de que los anuncios minimalistas *no* funcionen. Está poniendo trabas, insistiendo en la publicidad por correo y sus quejas están poniendo en peligro el espíritu de cooperación que tú te has encargado de desarrollar en el equipo de proyecto. En resumen, Frank es tu primer gran problema.

Ahora pasemos al siguiente punto. Es lo más importante que vas a aprender acerca de cómo tratar los problemas que se presentan en el trabajo, siguiendo el modelo de la gestión kármica (el modelo adecuado). El dibujo de arriba representa una situación directa de causa y efecto y es evidente que lo que tienes que hacer es solucionarla.

Despide a Frank. De ese modo, se acabaron las quejas, el espíritu de equipo se ha renovado y las ventas ya no corren peligro.

El problema es que esto sólo funciona en el nivel "parece real". En el fondo, siempre tendrás la sospecha de que es así, porque cuando has despedido a alguien algunas veces te ha salido el tiro por la culata, y lo único que has conseguido es que haya más falta de armonía en tu equipo. Y te explicaré por qué:

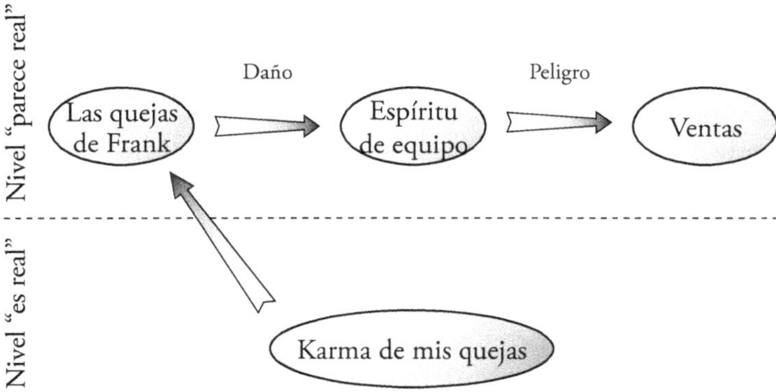

Es la misma historia de siempre. Las quejas de Frank no proceden de la nada: tienen su propia causa kármica. Y esa causa son las quejas que dirigí hacia el jefe que me asignó este proyecto de vender las cien mil bandejas de clips en un plazo de dos meses; eso es imposible; ¿por qué no me encargó un proyecto que fuera factible?

Así que, muy bien, adelante, despide a Frank. Pero si no limpias el karma que vierte Frank sobre tu realidad, así es como saldrán las cosas en un plazo de dos semanas:

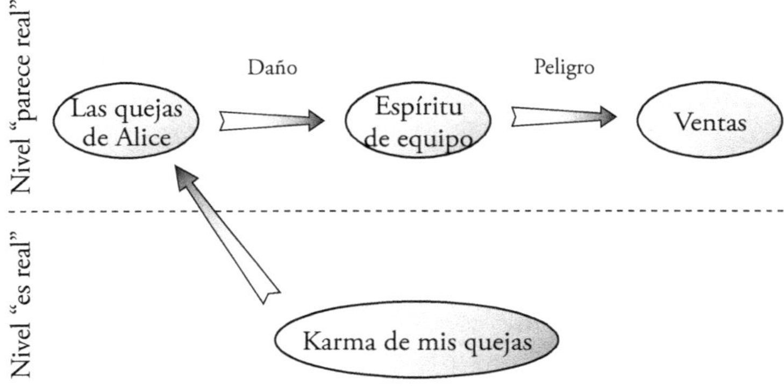

Has acertado. Al final, resulta que Alice era una verdadera admiradora de Frank, incluso cuando éste se quejaba de los anuncios minimalistas de ella. Y ahora Alice se está empezando a quejar por la falta de libertad de expresión que hay en el equipo de proyecto.

Alice tampoco salía de ninguna parte. Recuerda. Cuando eras un niño ¿nunca te pasaste todo el sábado en casa de la tía María, arrancando las malas hierbas? ¿Y nunca tuviste que volver dos semanas después porque no arrancaste las raíces? Y, de ese modo, las malas hierbas volvieron a salir de nuevo, un poco más allá, con un aspecto un tanto distinto al que tenían las anteriores.

¿Qué debes hacer entonces? Es evidente. Si se elimina el karma ya no estará allí para que vuelva a emanar en Alice *o* incluso en Frank. Es decir, que no tendrás que volver a despedir a Frank, porque él se habrá convertido repentinamente en el animador del equipo, porque *tú* utilizaste la válvula de cierre al karma de las protestas.

LA VÁLVULA DE CIERRE KÁRMICA

Llegados a este punto, es necesario explicar un poco en qué consiste esta válvula de cierre. Si haces lo que debes, hasta tu primer y descuidado proyecto de gestión empresarial kármica va a ser un gran éxito. Si no lo haces, entonces, bueno, vas a tener problemas, porque *es algo inevitable.*

Hemos dicho que hasta los pensamientos y las acciones más irrelevantes pueden enconarse en el subconsciente y salir a la luz más delante de manera desproporcionada. Lo que esto significa es que todos vamos por la vida con un enorme puñado kármico de semillas aleatorias: unas semillas que podrían salir en cualquier momento y crear a doce tipos que protestarán como Frank en nuestro equipo de proyecto. ¿Hasta qué punto recuerdas lo que hiciste o lo que dijiste, o incluso lo que pensaste hace una semana? Y eso por no hablar de hace meses o años. Realmente no tenemos forma de saber lo que está por venir.

Es decir, hasta que empieza a venir. En el momento que aparece un Frank protestón en nuestro equipo —el primer día que empieces a ver que aparece un problema como Frank— tienes que hacer algo y rápido. Como ahora ya sabes que una semilla negativa aleatoria está empezando a germinar, si no echas el cierre enseguida vas a tirar por tierra tu proyecto.

¿Cómo se echa el cierre a una semilla? ¿Dónde está la válvula de cierre? Regresemos de nuevo al punto de partida para identificar a nuestros socios empresariales kármicos. Veamos lo que dice la primera Ley del Karma: "Si quieres conseguir algo de la vida, primero tienes que hacer algo por los demás". En esta ley está implícito el hecho de que una acción kármica y sus consecuencias siempre tendrán un contenido similar: si haces algo *bueno* por los demás, entonces sólo te podrán venir cosas *buenas* y lo mismo sucede con las cosas malas.

Esta parte de la Primera Ley tiene una consecuencia importante: podemos identificar un problema en cuanto aparece y deducir el tipo de acción que debe haber plantado su semilla, aunque no seamos capaces de recordar haber realizado dicha acción. En el caso de Frank, esto se traduce en que yo mismo debo haberme quejado a alguien en el pasado y haber interrumpido el trabajo de los demás. Y, de ese modo, el primer paso para eliminar un problema desde una perspectiva kármica consiste en identificar qué acto en general debemos haber cometido en el pasado para haberlo plantado.

A partir de aquí, afortunadamente, utilizar la válvula de cierre en este karma —hacer que Frank vuelva a subir a bordo sin ni siquiera pensar en despedirlo— es una medida muy honrada. La mejor manera de cerrar un karma es *tener mucho cuidado de no volver a hacerlo más*.

Es decir, es demasiado tarde para deshacer la semilla en sí. Una vez que un roble ha crecido de una bellota, no hay poder en el universo capaz de conseguir que vuelva a ser una bellota y que dicha bellota desaparezca. Es demasiado tarde para detener las quejas que Frank vertió ayer o la parte de la semilla que las ha provocado.

LOS PROBLEMAS SON TUS AMIGOS

Pero esas protestas tenían un propósito final: te han permitido ver que las quejas *te han mostrado* dónde había un problema. Si piensas en ello, los problemas son los únicos obstáculos capaces de impedir que tengas éxito en tu proyecto, ahora que sabes cómo plantar la semilla del éxito en tus socios empresariales kármicos. Lo que marca la diferencia entre el éxito y el fracaso se resume en una única cuestión: ¿Puedes identificar un problema de manera inmediata y cerrarle el paso?

Por tanto, *alégrate* de tus problemas; *concéntrate* en tus problemas y *acéptalos*. No mires hacia otro lado ni evites afrontarlos. Son tus amigos y van a llevarte hasta lo más alto.

Ya has identificado la causa del problema: seguramente tú también te habrás quejado a alguien en otra ocasión. Si, a partir de ahora, dejas de quejarte –si tienes *sumo cuidado* de no pronunciar una sola palabra de protesta– esa medida tiene lo que se puede llamar un poder de resonancia. Pensar que *No debes quejarte*, porque quieres que *Frank deje de quejarse*, es en gran medida como un selectivo agujero negro. Cuanto más esfuerzo dediques a no quejarte (especialmente de las protestas de Frank), más grande y poderoso será el agujero negro kármico. El agujero "resuena" con todas las viejas protestas que hay en tu mente inconsciente: atrae a las viejas semillas de las quejas, las absorbe y las cierra. Y, por tanto, no sólo se trata de que la gestión empresarial kármica te proporciona el poder necesario para crear tu propio futuro exitoso, sino que también te da el poder de afrontar de manera selectiva cualquier problema que se te plantee en tu trabajo o en tu vida y de cerrarlo para siempre.

Ya no habrá más tipos como Frank en tu vida. Y fíjate en algo muy importante. No hemos tenido que hacer o decir nada *al propio Frank* sobre sus protestas. En eso consiste el viejo juego de probabilidades y tú lo sabes: tal vez hablar con él funcione, tal vez eso haga que las cosas empeoren. Tal y como dijo alguien: *Empieza por tú mismo*.

LAS REACCIONES NATURALES: SÉ PRECAVIDO

Esto nos lleva al último punto. Como personas que somos, llevamos cincuenta mil años dependiendo del juego de las probabilidades. Actualmente, en nuestro interior están integradas todo tipo de reacciones "naturales" ante los problemas. En el ejemplo que hemos visto aquí, la reacción natural a que alguien de nuestro equipo proteste es empezar a quejarnos de su conducta. Al final, esto se reduce al viejo instinto animal de usar la violencia para impedir que alguien sea violento con nosotros.

Ahora que ya conoces la gestión kármica, puedes ver con total claridad lo tremendamente errónea que es esta respuesta. *La mejor manera de hacer que Frank siga quejándose y complicando su proyecto es plantar nuevas semillas de protestas, quejándote a su vez de Frank.* A esto se le llama una "reacción cíclica kármica" y es la responsable de todas las complicaciones que se presentan en todo el mundo. Tú estás perjudicando a mi proyecto porque he plantado la semilla para que eso ocurra al haber perjudicado antes a otra persona. ¿Y ahora lo que yo hago es *perjudicarte también a ti* por haberme hecho daño?

¡Menuda solución! ¡Cincuenta mil años de "menuda solución"!

La vida real

MICHAEL GORDON:

Sin lugar a dudas, los problemas hacen que uno llegue a lo más alto. Por supuesto, es un poco difícil considerarlos de este modo mientras los estamos sufriendo y aquí es donde tiene utilidad la mente clara que uno ha obtenido practicando la meditación, el yoga y un modo de vida noble.

Era un viernes por la noche de 1995. Me encontraba descansando en mi casa, situada en las afueras de la ciudad. De repente, recibí una llamada de teléfono urgente de un directivo que estaba a punto de salir de nuestro edificio en Manhattan. Me dijo que se había declarado un incendio. Pensé que alguien había tirado un cigarrillo a una papelera y que lo único que tenía que hacer era arrojar un poco de agua sobre ella, pero me subí rápidamente al coche y me dirigí hacia allá a toda velocidad.

Cuando llegué a nuestra sede salí del coche y tuve que pasar a través de una hilera de doce camiones de bomberos. Me dijeron que todo el edificio –todas las plantas– estaban siendo devastadas por las llamas. Entonces empecé a pensar que las cosas iban a salir bien, que lo único que teníamos que hacer era un poco de limpieza y que luego podríamos volver al trabajo. Pero el jefe de bomberos se acercó a mí y me dijo que necesitaría entre seis y nueve meses para reparar los daños estructurales.

En ese momento, el instinto entró en acción. Sin dudar un instante, me puse a calcular mentalmente de qué modo iba a afectar el incendio a nuestra plantilla, compuesta por más de cien personas en ese momento. Un centenar de personas se habían quedado, de repente, sin trabajo; un centenar de personas se habían quedado, de repente, sin ingresos. Me dirigí rápidamente al director de operaciones y al principal responsable de asuntos económicos. Nos encaminamos a un hotel próximo, reservamos una habitación y pasamos toda la noche despiertos, elaborando un plan para ayudar a esas personas.

El lunes, a las ocho de la mañana, los tres estábamos en el exterior de la fachada de nuestro edificio, que había sido consumido por las llamas, abordando a nuestros atónitos empleados según llegaban a trabajar. Allí mismo, sobre la acera, celebramos una importante reunión con toda la compañía. La jefa de operaciones, Connie, había dividido a la compañía en tres grupos y había alquilados tres espacios distintos próximos para que pudieran empezar a trabajar de nuevo a partir de ese día.

Ni un solo empleado perdió su puesto de trabajo. Y en el plazo de una semana volvimos a atender a nuestra media diaria de más de 350 clientes.

Aquellas medidas fueron ecos, efectivamente –nuevos ecos– que se enviaron, y convertimos el incendio en una oportunidad para recordarnos a nosotros mismos que teníamos que enviarlos. Nos ocupamos de nuestros empleados y también cuidamos de nuestros clientes.

En el eco de vuelta, los proveedores y el mundo entero vinieron en nuestra ayuda. Descubrimos que la compañía telefónica había encontrado un problema con nuestros aparatos y había descubierto hacia dónde podía volver a enrutar las llamadas sin necesidad de que se lo pidiéramos.

Y también teníamos un edificio vacío que podíamos reconstruir por completo y diseñarlo tal y como siempre habíamos soñado. Los resultados fueron sorprendentes. Nueve meses después, cuando reabrimos las puertas de nuestro edificio, el público comenzó a llegar por oleadas.

TU LISTA DE TAREAS

Ya sabes qué es lo que va a suceder ahora. Has estado elaborando planes muy específicos y modestos sobre cómo vas a conseguir que la gente que te rodea tenga éxito. A continuación, tienes que desplazarte al lugar donde habitualmente practicas la relajación en silencio. Saca tu libreta usada de la gestión empresarial kármica y anota tres problemas reales o potenciales que prevés que se ciernen y que impidan que tú y tu equipo consigan vender esos cien mil desatascadores.

Una vez hecho eso, la tarea es sencilla. Te vas a limitar a seguir la cuarta y última Ley del Karma, que dice:

> *Si te sucede algo*
> *que no te gusta*
> *deja de hacer lo mismo a los demás.*
>
> Jey Rinpoche (1357-1419). Maestro del Primer Dalai Lama

Como verás, se trata de tres pasos que te indicarán cómo puedes dejar de quejarte o cómo puedes acabar con un problema del tipo que sea.

REINVERTIR EL KARMA

SABIDURÍA ANCESTRAL
El karma consumido se muere
Maestro Vasubandhu, hindú, 350 d. C

EL AGUA QUE SE ENCUENTRA BAJO LA OLA

El proyecto ha concluido y tú lo has conseguido. El camión de reparto de FedEx acaba de marcharse con las cien mil pizzas, mientras se dirige hacia una bolera ubicada en el este de Nevada. Tu jefe se encuentra allí, contigo, en el muelle de carga, y se ha girado para entregarte el suculento cheque de tu prima. Te han sobrado tres semanas, incluso después de haber tenido que afrontar el Problema Frank. El proyecto ha llegado a su fin, al igual que lo hará nuestra propia vida. Pero la gestión empresarial kármica también tiene una respuesta a esto.

Como consecuencia de llevar cincuenta mil años adquiriendo malos hábitos, hemos aprendido a vivir con un desenlace, del mismo modo que hemos aprendido a vivir con la probabilidad aleatoria de sufrir un fracaso. Las cosas tienen que llegar a su fin, así que debemos tratar de llevarlo lo mejor posible, lo cual normalmente consiste en no pensar demasiado en ello. No pienses en cómo terminan ni siquiera los proyectos de mayor éxito. No pienses en cómo te vas a gastar tus primas o en cómo vas a comprar más cosas; unas cosas que, sin lugar a dudas, al final acabarás por perder.

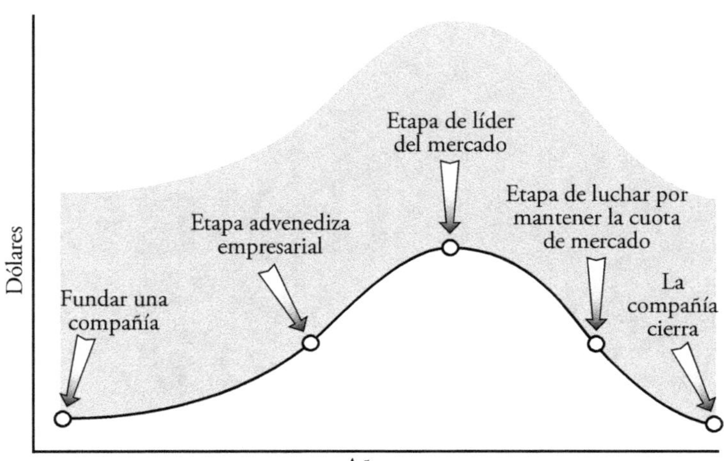

No tiene por qué ser así. Observemos el típico ciclo vital de una empresa para poder aplicar después todo lo que hayamos aprendido a tu propio trabajo y a tu vida en este mundo. Este es un diagrama de lo que, a su debido momento, acaba por suceder a *toda empresa de éxito*.

¿Dónde está la energía que mantiene a esta ola en movimiento? Ahora ya conoces la respuesta. La energía se encuentra por debajo de todo lo que hacemos, en la causa de todas las causas. El karma se encuentra por debajo de la ola, igual que el mar que viaja a través de ella, sosteniendo en todo momento la existencia de la empresa.

Y, de ese modo, la ola de la vida de la empresa no se desplaza de izquierda a derecha, tal y como siempre ha dado la sensación. Eso sólo sucede en el nivel "parece real". Y, como siempre, si nos quedamos atascados en este nivel de lo aparente —en este nivel de ilusión—, entonces estamos muertos. Pero eso no nos va a suceder a nosotros, porque ahora sabemos que el nivel "es real" se encuentra por debajo de todas las cosas. En realidad, las cosas se mueven desde el suelo hacia arriba.

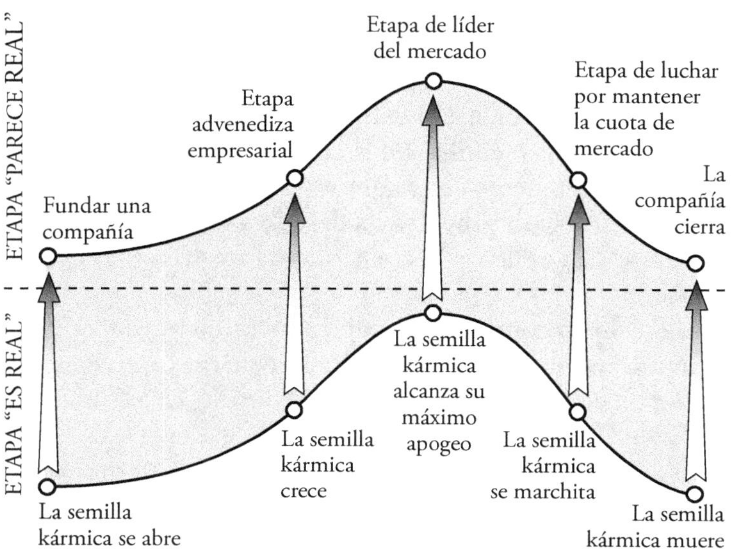

Por tanto, ¿cómo tenemos que utilizar esta información para superar la (aparentemente) inevitable realidad del fin? Nos hemos dado cuenta de que la compañía y mis proyectos —y mi carrera profesional y mi propia vida— se están desgastando porque las semillas kármicas que las sustentan se están marchitando. Pero el simple hecho de darse cuenta de ello no parece ser de mucha ayuda.

Puedes estar seguro de que estas semillas *se están* marchitando, en cada hora de trabajo, cada vez que respiramos, porque *todas* las semillas acaban por desgastarse por la sencilla razón de que has conseguido resultados. Si sujetas una pieza de fruta en la mano, eso solo se puede conseguir porque la *semilla* que produjo la fruta se consumió al hacer esa tarea y, por tanto, ya ha desaparecido.

RESERVAR ALGUNAS SEMILLAS

Aquí es donde el concepto de la reinversión kármica entra en juego y nos salva la vida. En los viejos tiempos, cuando todas las cosechas se plantaban a mano, los campesinos tenían una regla que nunca se podía quebrantar, por muy mal que fueran las cosas y por muy hambrienta que estuviera una familia. La regla era que *tenían* que ahorrar el diez por ciento de la cosecha de ese año para usarla como semillas en la siguiente siembra. Nadie era tan idiota como para comerse las semillas de la cosecha del año siguiente.

Nosotros tenemos que comportarnos del mismo modo. Muy bien, el gran proyecto ha llegado a su fin. Las cien mil pizzas se han vendido y el cheque de tu prima está en tu mano.

Pero lo más importante de todo es qué es lo que vas a hacer a continuación. Sin dudarlo, tienes que coger el diez por ciento de tu cosecha e invertirlo en el siguiente proyecto.

Y sabes exactamente dónde tienes que plantarlo: en tus socios empresariales kármicos. Coge el cheque de tu prima y cóbralo. A continuación junta a todos los miembros de tu equipo de proyecto y a sus parejas y llévalos a cenar a un elegante restaurante francés. Este tipo de celebración, este tipo de *gratitud* es absolutamente esencial en la gestión empresarial kármica, porque lo que en realidad estás haciendo es celebrar el concepto que hace que la gestión empresarial kármica funcione: tú has conseguido que yo tenga éxito porque me has permitido lograr que *tú* tengas éxito y ahora, gracias a eso, los dos (en realidad, el gran yo) hemos conseguido triunfar. El karma que produce celebrar este tipo de éxito es *en sí mismo* la semilla kármica más poderosa de todas. Por tanto, ¡celebrémoslo!

Mientras te encuentras celebrándolo, por supuesto, el jefe está en su casa leyendo la carta de recomendación que escribiste para los miembros de tu equipo, haciendo hincapié en las cualidades específicas que cada uno de ellos ha demostrado: las cualidades que se pueden aprovechar en los futuros proyectos de la compañía y, por supuesto, acompañadas con un aumento de sueldo. Incluso has señalado a los dos o tres miembros del equipo que han demostrado ciertas cualidades de liderazgo y a los que se podría formar para sustituirte como Director de Proyectos. (Vamos, ahora no tengas miedo. Sabes muy bien que cubrir tu viejo puesto en la compañía es la única forma de conseguir que te asciendan: ¡en eso consiste la gestión empresarial kármica!).

Y, por supuesto, tu proveedor de tomates y su esposa acaban de recibir en el correo ese espectacular y costoso libro ilustrado que les compraste, acompañado de una parte del dinero de la prima. El libro está repleto de hermosas fotos de calabacines orgánicos y judías verdes y, en su interior, se encuentra una carta en la que se manifiesta el compromiso de la compañía de adquirir los tomates del proveedor para elaborar mil pizzas más. Por cierto, esas pizzas son unas unidades que tú convenciste a la Directiva para que las elaborara y las donara a alguien como, por ejemplo, el refugio para indigentes de dos pisos que se encuentra debajo de la oficina.

Y uno de los cien mil clientes (si no la ha quemado en el microondas) va a encontrar una pequeña nota en la caja de la pizza que explica lo agradecido que estás por haber recibido su apoyo, acompañada de un cupón para pasar un fin de semana con la persona que elija en un hotel de la costa mejicana de Puerto Vallarta.

LA REACCIÓN CÍCLICA KÁRMICA

Veamos qué sucede a ese deprimente gráfico sobre la muerte si persiste en esa idea de reinvertir una parte de sus éxitos en las personas que te rodean.

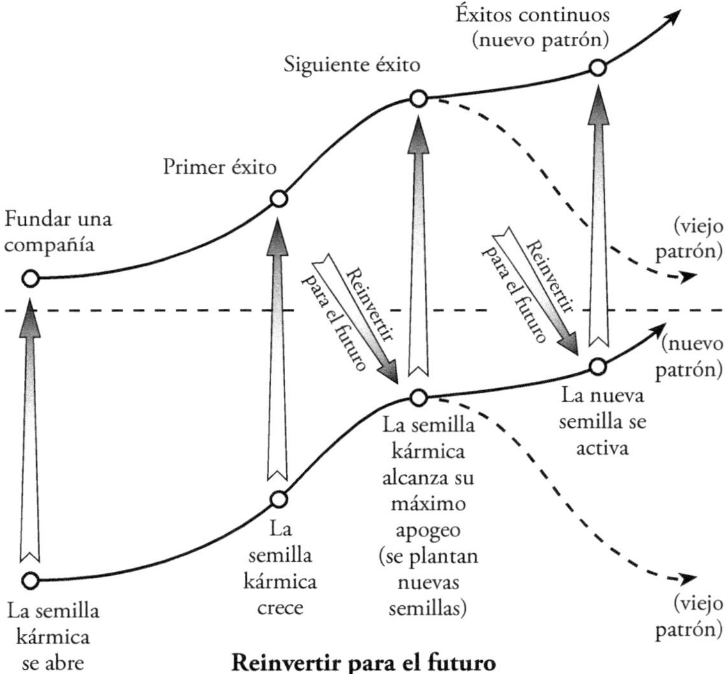

Reinvertir para el futuro

Observa lo que sucede. Tenemos otra reacción cíclica kármica, salvo que esta vez se trata de un ciclo positivo. Tú obtienes una parte notable de tus ingresos procedentes de tus primeros éxitos en el trabajo y los repartes entre tus socios empresariales kármicos con la intención de celebrarlo con ellos, de demostrarles tu agradecimiento. Y aunque las semillas kármicas que produjeron esos primeros éxitos se están marchitando (porque se desgastaron en crear los éxitos), han sido sustituidas –e, incluso, se han hecho más fuertes que antes– con la llegada de todas las nuevas semillas que ha producido la celebración. Y, de ese modo, se obtiene un constante ciclo ascendente, una idea que puedes utilizar en *todos* los ámbitos de su vida: en tu trabajo, en tu salud, en tus relaciones personales y en tu vida en sí.

La vida real

LAMA CHRISTIE:

La Universidad Diamond Mountain salió adelante como consecuencia de muchos otros proyectos en los que estuvimos trabajando. Por ejemplo, hicimos un esfuerzo por adiestrar a un grupo de refugiados tibetanos con el objetivo de que aprendieran a utilizar los ordenadores y luego les pagamos por digitalizar sus importantes libros antiguos con el fin de poder compartirlos con el mundo.

En ese momento, estábamos financiando esos proyectos principalmente gracias a la labor de algunas personas generosas y acaudaladas que creían en lo que estábamos haciendo. Contábamos con ellos para que nos ayudaran a financiar la Universidad cuando se abriera pero, entonces, estalló la burbuja del mercado de valores. Hasta entonces, los principales inversores obtenían sus ingresos de sus inversiones bursátiles y, de repente, nos encontramos con una hipoteca de un millón de dólares para el campus, sin que nadie pudiera ayudarnos.

Uno de nuestros principales miembros de la junta, el doctor David Stumpf (quien por entonces pertenecía a la Universidad de Arizona) propuso una idea llamada "Un dólar por día". Nuestros patrocinadores más acaudalados no podían donar ingresos adicionales, pero todavía contábamos con cientos de pequeños colaboradores que realmente querían ver que la Universidad se hacía realidad. Así que les enviamos una carta preguntándoles si podrían donar solo un dólar al día hasta que consiguiéramos pagar la hipoteca.

En unos meses, teníamos los suficientes compromisos como para poder pagar nuestras deudas cada mes. Nosotros interpretamos que este primer éxito había sido consecuencia de que la universidad fuera completamente gratuita: no se cobra por las clases a ningún alumno, aunque el programa es muy riguroso y somos muy estrictos en este punto.

Eso, sin embargo, no era suficiente para Susan Stumpf, una ayudante personal y miembro de la junta de la DMU, que es la media naranja de David. Un día, los miembros de la junta recibimos un correo electrónico muy extraño de Susan en el que decía que, como estábamos enseñando todos esos principios de la gestión empresarial kármica en la Universidad, entonces deberíamos estar dispuestos a dar un paso adelante y aplicarlos en nosotros mismos a gran escala.

Susan propuso que encontráramos a un grupo de personas que estuvieran dispuestas a asumir la hipoteca a un interés por debajo de lo que estaba cobrando el banco, pero a un interés mayor del que pudieran conseguir con sus otras inversiones. Era una situación ventajosa para todas las partes, algo en lo que todos estuvimos inmediatamente de acuerdo. Pero lo que nos preocupaba a todos era *el modo* en el que Susan propuso encontrar a esas personas.

En realidad, Susan no sugería que los *encontráramos*, sino que afirmaba que deberíamos *crearlos*. Cogeríamos una parte importante de nuestros ingresos mensuales obtenidos en la campaña "Un dólar por día" y los donaríamos a otro grupo de cualquier parte del mundo que estuviera intentando llevar a cabo un proyecto similar.

En seguida nos vinieron a la cabeza dos problemas. En primer lugar, Susan había mencionado específicamente la posibilidad de donar el dinero a grupos que en realidad eran nuestros *competidores* en un mercado de valores que cada vez generaba menos ingresos. En segundo lugar, donar todo ese dinero a los demás supondría poner en peligro nuestra propia capacidad para hacer frente a la hipoteca y la consiguiente posibilidad de perder la propiedad que estábamos intentando adquirir.

De acuerdo, no fue algo que todos viéramos de forma intuitiva, pero en seguida nos dimos cuenta de lo que Susan estaba sugiriendo. ¿Teníamos el valor –teníamos el *cerebro*– para ver que la única manera de recaudar fondos de manera satisfactoria era ayudando a los demás a conseguir sus propios fondos? Y, por tanto, toda la junta aprobó la idea de manera unánime.

A lo largo de varios meses, fuimos donando dinero para ayudar a varios centros educativos situados en la inundada Nueva Orleans con el fin de que pudieran reparar sus sedes. Dos centros de retiro situados en California obtuvieron becas sorprendentes y un esforzado campamento de verano para jóvenes en el tercer mundo recibió una carta inesperada. Otros fondos se destinaron para ayudar a las víctimas del tsunami. Y, una vez hecho eso, nos limitamos a esperar… con mucha ansiedad, debo admitir.

De repente, dos personas con las que nunca habíamos hablado antes se dirigieron a nosotros –una procedente de Europa y otra de Nueva York– para asumir toda nuestra carga bajo su propia responsabilidad.

Y, de ese modo, la gestión kármica funcionó de nuevo. Pero la junta directiva no se detuvo aquí. Seguimos enviando cheques cada mes. De repente, un donante anónimo adquirió una parcela de cuarenta hectáreas adyacente al campus y la ofreció a la Universidad de forma completamente voluntaria.

Un empresario con el que nunca habíamos hablado antes deslizó una nota en nuestro maletín que no habíamos advertido durante varias semanas, ofreciéndose a pagar todos los costes de un sistema de abastecimiento de agua (ahora acabado con éxito) para proveer a cincuenta residencias de estudiantes planificadas. Tres de los módulos de los que consta el campus de repente fueron donados por otro empresario, mientras un patrocinador extranjero anónimo propuso la construcción (y ofreció dinero por ello) de un centro para estudiantes donde los alumnos de la DMU pudieran reunirse y trabajar hasta altas horas, realizando sus tareas de clase diarias y resolviendo problemas. (Este edificio en la actualidad se encuentra en la etapa de planificación arquitectónica).

Siguieron sucediendo muchas más cosas como esa y el consejo de la Universidad todavía sigue reinvirtiendo activamente el dinero. No tenemos ninguna razón para que estos sorprendentes éxitos tengan que llegar a su fin.

TU LISTA DE TAREAS

Muy bien, ya has realizado casi todas tus tareas relacionadas con los Siete Puntos. Queremos asegurarnos una vez más de que tienes una mente despejada, de tal modo que seas capaz de ver hasta la lógica más sutil que se esconde detrás de esta nueva y disparatada idea de dejar de concentrarse en tu propio proyecto como una forma de alcanzar el éxito.

Y, por tanto, vamos a asegurarnos de que descansas y te relajas lo suficiente. Pero, como verás, va a ser una tarea parecida a alimentarse de manera sensata. No te pedimos que te acuestes temprano; no te pedimos que prometas salir a pasear incluso cuando todos los teléfonos de la oficina estén echando humo con una llamada de un cliente que necesita algo de manera urgente, porque sabemos cómo acaban todas las promesas de ese tipo.

No, sólo vamos a averiguar lo que está sucediendo y a continuación, esa exploración va a dar como fruto un cambio. El hecho de que sigas fiel a los demás puntos del programa te servirá de ayuda: tener una parte de tu mente despejada como consecuencia de la práctica del yoga y de la meditación hará que te resulte más fácil realizar la siguiente tarea.

El estrés —la incapacidad para relajarnos cuando deberíamos estar relajados— es un fenómeno muy extraño. La adrenalina se bombea incesantemente durante un proyecto agotador y el cuerpo se vuelve adicto a ese nivel de adrenalina. Si no puedes conseguirla, entonces encuentras otras maneras de obtener esa estimulación, sin darte cuenta de lo que está sucediendo. Y después, una parte de tu cerebro te engaña y te dice que *necesitas* leer diez correos electrónicos más, porque *si no estás ocupado haciendo algo, entonces eres un fracasado.*

Por tanto, tenemos que convencernos a nosotros mismos de que estar cada vez más ocupados no es lo mismo que tener cada vez más éxito. Si eres capaz de aprender a estar ocupado con la mente despejada cuando es verdaderamente necesario, y así *no* estar ocupado para poder soñar y ser creativo cuando sea preciso, entonces vas a tener asegurado el éxito en la gestión kármica.

Por tanto, el objetivo final no es aprender a descansar y a relajarse. Eso vendrá de manera automática: podemos dormir perfectamente por las noches y despertarnos completamente descansados si somos capaces de reducir drásticamente nuestras ansias por obtener un exceso de estímulos durante el día.

Lo único que tienes que hacer ahora es medir todo lo que está sucediendo. Cada día, anota uno de estos tres elementos en tu libreta de la gestión empresarial kármica:

1. ¿Cuánto tiempo he pasado hoy delante del ordenador? (Queremos horas y minutos exactos, no una cantidad de tiempo aproximada. Si lo deseas, puedes descargar un pequeño programa gratuito que calcule el tiempo online). ¿He realizado voluntariamente descansos para dejar el ordenador cada hora y media?

2. ¿Cuántas noticias he leído o visto o escuchado hoy (televisión, periódicos, radio, revistas, Internet)? Una vez más, queremos la cantidad exacta de minutos.
3. ¿Cuánto tiempo he pasado hoy hablando por teléfono y qué porcentaje del mismo era verdaderamente necesario?

De nuevo, la media hora previa de acostarse es un buen momento del día para examinar cómo marcha tu vida. Debes invertir este tiempo si verdaderamente deseas alcanzar una mente que sea plenamente funcional, aguda y despejada. Observa cómo tu éxito en la gestión empresarial kármica despega ahora que por fin ya duermes bien por las noches, porque estás supervisando la cantidad de estímulos a los que expones tu mente durante el día. Y, a continuación, puedes despojarte de todos esos remedios para dormir que nunca te han permitido descansar de manera adecuada.

NO TE DETENGAS AQUÍ VE MÁS ALLÁ CON LA GESTIÓN KÁRMICA

Debo expresarte mi más sincera felicitación. Ya pasó la hora de lectura (o el tiempo que hayas invertido) y ya has asimilado las Ocho Reglas de la Gestión Empresarial Kármica. Estás preparado para llevarnos a todos hacia una nueva etapa de nuestra evolución: estás listo para empezar con buen pie los próximos cincuenta mil años. Ahora ya sabes perfectamente cómo puedes alcanzar el éxito, el ciento por ciento de las veces, en todos los proyectos y tareas que te propongas conseguir.

Sin embargo, la gestión kármica en realidad es como tu nuevo teléfono móvil. Posiblemente ya habrás descubierto cómo llamar a tus amigos e incluso es probable que hayas llegado a guardar el número de teléfono de todo el mundo y puedas acceder a esos números de forma rápida.

Pero sabes que tu teléfono puede realizar otras cincuenta tareas que probablemente te pueden ser de utilidad en algunas ocasiones. Es cuestión de saber si tendrás la determinación necesaria para aprender a realizar todas estas funciones adicionales o si te limitarás a realizar las llamadas básicas.

Lo mismo sucede con la gestión kármica. Te animamos fervientemente a que no te detengas aquí en el desarrollo de tu conocimiento de todas las diversas maneras en las que puedes hacer uso de ella, de todas las maneras en las que puedes profundizar más y avanzar más rápido para tu beneficio propio. Y, por tanto, te ofrecemos algunas opciones que pueden convertirte en un verdadero experto en la gestión empresarial kármica, porque eso es lo único que puede proporcionarte cada vez más éxito. Te presentamos ocho sugerencias distintas que señalan hacia dónde puedes avanzar a partir de este punto.

1. *Consigue una copia del libro que fue el comienzo de todo: El Tallador del Diamante* (Ediciones Amara, 2001). Léelo y pon en práctica sus enseñanzas. Se acaba de publicar en todo el mundo una edición especial y ampliada para celebrar el décimo aniversario de la publicación del libro.

   En la nueva edición americana aparece una sección final en la que se recogen testimonios reales de éxitos relatados por personas que han aplicado *El Tallador del Diamante* en su propio trabajo y en sus propias vidas para conseguir sus objetivos. Estos logros se traducen en miles de millones de dólares y proceden de todos los rincones del mundo, de personas de todo tipo de condición social: desde empleados de banca a magnates de los ferrocarriles.

   Y, a continuación, analizamos cada uno de esos éxitos para ver con exactitud cómo los principios de la gestión empresarial kármica los posibilitaron, de tal modo que puedas saber cómo dirigir esos éxitos hacia tu propia persona.

2. *No te pierdas el resto de la serie de la gestión empresarial kármica.* Estamos a punto de lanzar otros tres libros pequeños y útiles que cuentan cómo aplicar la gestión kármica a tres objetivos específicos: poner en marcha tu propio negocio o un importante proyecto; dirigir esa empresa de manera exitosa a medida que se va desarrollando; y luego transformar tanto tu empresa como tu vida en una continua espiral ascendente que ayude al mundo en su totalidad.

3. *Únete a un grupo de debate sobre El Tallador del Diamante.* En cuanto se publicó *El Tallador del Diamante,* mucha gente de todo el mundo comenzó a aplicar sus enseñanzas y aparecieron pequeños grupos de estudios en todos los rincones del planeta: desde Hong Kong hasta Brooklyn. Muchas personas que se sentían ilusionadas con una forma nueva y segura de dirigir sus

negocios querían reunirse y hablar con otras que sintieran lo mismo.

Y, de ese modo, hemos elaborado una página web donde puedes entrar en contacto con personas que pertenecen a tu misma parcela. Esto se podría traducir simplemente en salir a cenar todos juntos de vez en cuando y comparar las notas que han tomado de sus progresos con la gestión empresarial kármica. O podría dar lugar a que se formara un grupo de manera espontánea que más tarde se reuniera con mayor regularidad. Se trata de lo que le apetezca hacer a la gente pero, sin lugar a dudas, resulta excitante.

O tal vez prefieras unirte a un foro de debate en línea sobre la gestión empresarial kármica, también a través de nuestra página web. La dirección es la siguiente: diamondcuttergroups.org.

4. *Ponte en contacto con el Asistente de la Gestión Empresarial Kármica y encuentra consejos gratuitos sobre cómo aplicarlos en tu propio proyecto o trabajo.* Contamos con una plantilla de Colaboradores que administran nuestro Asistente gratuito los siete días de la semana. No tienes más que enviarnos un correo electrónico con la pregunta o el consejo que necesitas para conseguir que la gestión kármica se ocupe de tu caso específico.

Comenzarás a mantener una relación con el equipo en línea de la gestión empresarial kármica, adquiriendo confianza sobre cómo dirigir tu propia vida gracias a ella. Con el tiempo, llegará un momento en el que estés preparado para realizar los ejercicios prácticos que ofrece la gestión empresarial kármica. A continuación encontrarás algunas formas que pueden adoptar este adiestramiento.

5. *Acude a una charla preliminar sobre la gestión empresarial kármica.* Nuestro personal viaja por todo el mundo ofreciendo tres charlas preliminares sobre las Ocho

Reglas de la Gestión Kármica, con el fin de dar a los asistentes un toque personal y un poco de inspiración que realmente sólo se puede encontrar cuando se escucha a un directivo de éxito describirla en persona. Consulta nuestra página web para saber dónde se va a impartir la próxima charla en tu zona o para escuchar ejemplos grabados de esas charlas.

6. *Apúntate a un seminario de dos días sobre la gestión empresarial kármica.* La gestión empresarial kármica también ofrece seminarios de dos días en todo el mundo. Normalmente, estos seminarios se celebran los sábados y los domingos, después de la charla preliminar sobre esta materia de los viernes. Los grupos son reducidos y tendrás la posibilidad de profundizar en este tema con un Colaborador de la gestión empresarial kármica. Es una gran oportunidad para plantear preguntas más específicas sobre tu proyecto, tu negocio o tu carrera profesional y de conseguir las respuestas cara a cara. Una vez más, esto siempre tiene un impacto y una fuerza mucho mayor que la ayuda online.

7. *Realiza un Curso de Formación completo en gestión empresarial kármica.* Una vez que hayas aplicado la gestión empresarial kármica en proyectos y tareas menores, ha llegado la hora de conseguir una preparación formal para poder avanzar al siguiente nivel. La gestión empresarial kármica ofrece una selección de doce cursos sobre diversos aspectos de cualquier carrera y negocio: prueba con uno y acabarás por hacerlos todos.

Hay tres opciones para realizar el Curso de Formación en Gestión Empresarial Kármica. Lo mejor sería que acudieras a uno de los Cursos In Situ, que se imparten en las principales ciudades por parte de los Colaboradores de Gestión Empresarial Kármica que viven en esa ciudad y que continuarán allí para ayudarte. Los Cursos In Situ normalmente se impartes dos veces a la semana por la noche durante un mes y, tras realizarlos, se hará entrega de un Certificado en el Curso de Gestión Empresarial Kármica. Las compañías que quieran recibir Curso de Gestión Empresarial Kármica en su sede para sus trabajadores pueden pedir que se impartan Cursos In Situ durante las horas de trabajo en sus oficinas. Para ello, una vez más, ponte en contacto con la página web.

Tu segunda opción para recibir el Curso de Formación es acudir a un Curso de Ampliación de Gestión Empresarial Kármica. Estos cursos normalmente se imparten en ciudades más pequeñas por parte de un Colaborador de Gestión Empresarial Kármica visitante. Los Cursos de Ampliación normalmente se imparten durante dos semanas consecutivas, en una o dos noches durante la semana que hay en medio. El material que abarca es el mismo que el del Curso In Situ, pero se presenta en una franja de tiempo más reducida y es necesario que durante ese tiempo te comprometas verdaderamente a concentrarte en el curso. Los Cursos de Ampliación también se pueden impartir a las compañías en sus instalaciones.

La tercera opción es realizar un Curso Online. Hay versiones "en directo" del curso en las que trabajas online y en directo con un Colaborador de Gestión Empresarial Kármica, en un grupo de más personas que podrían encontrarse en Estonia o en Costa Rica. O también puedes descargarte las materias y trabajar con ellas en privado siguiendo tu propio ritmo, enviando las tareas a través del correo electrónico al Colaborador de Gestión Empresarial Kármica que te esté ayudando. En casos de extrema necesidad (los cursos se han impartido, por ejemplo, en muchas prisiones), puedes optar por enviar todo el trabajo a través del correo ordinario. Para ello, ponte en contacto con nosotros.

8. *Convertirse en un Profesor de Gestión Empresarial Kármica.* Si tienes hijos, entonces ya sabrás cuál es la mejor forma de aprender a usar todas las funciones de tu teléfono móvil. Es posible que algún día tu hija aparezca

y te pregunte si puedes enseñarle a usar esas mismas funciones en el nuevo teléfono que acabas de comprarle. Y, por supuesto, tú responderás: "Claro, cariño, mañana por la noche tendré tiempo para enseñártelas".

Y luego te quedarás despierto toda la noche y acabarás por leer personalmente el manual de instrucciones.

Con la gestión empresarial kármica sucede lo mismo. En cierto modo, ambos coincidimos en que el único momento en el que aprendemos completamente algo es cuando se lo enseñamos a otra persona. Y no hay nada que resulte más satisfactorio que enseñar a otra persona a tener éxito y luego observar cómo salen adelante. Por tanto, te animamos fervientemente a que *enseñes* a los demás tus conocimientos en gestión empresarial kármica.

Podrías realizar esta tarea cara a cara, con tus amigos o tus colaboradores, delante de una taza de café (o de una taza de cacao o de té de hierbas) en una cafetería local. Muchas de las historias sobre el modo de alcanzar el éxito que se recogen en la parte final de la nueva edición de *El Tallador del Diamante* se produjeron de esta manera. Deseamos de corazón que tengas éxito; en eso consiste nuestro trabajo. Y, por tanto, compartimos este secreto contigo: la manera más rápida de tener éxito en la gestión empresarial kármica es sentarse y compartirla con los demás.

Si lo deseas, puede dar el último gran paso y conseguir tu propio certificado de Colaborador de Gestión Empresarial Kármica. Para ello, debes realizar los doce Cursos de Formación y aprobar un examen final. Una vez hecho eso, ya podrás impartir Cursos de todo tipo como Colaborador certificado de Gestión Empresarial Kármica.

Estas son las direcciones de contacto para realizar los programas de los que hemos hablado arriba:

info@karmicmanagement.org
www.karmicmanagement.org
www.enlightenedbusiness.com
www.diamondcuttergroups.org

TU LISTA DE TAREAS

¿Cómo? ¿Acaso pensabas que no nos habíamos dado cuenta de que todavía no habías terminado el último de los Siete Puntos? ¡Nos debes un *estudio*!

Y vamos a hacerlo a la vieja usanza, a la manera tibetana. A lo largo de la próxima semana tendrás que *memorizar* las Ocho Reglas de la Gestión Empresarial Kármica. De ese modo, conseguirás que los principios se asientan en tu cabeza para poder acceder al instante a ellos, en cualquier momento del día, cada vez que los necesites… y no hay nada que sea más efectivo.

También tendrás que seguir abriendo este libro una vez al día de manera aleatoria, durante las próximas cuatro semanas. Puedes hacerlo cuando te sientas a comer, y leer una sola página con el fin de afianzar las Ocho Reglas en tu cabeza y de conseguir que sigan vivas en tu mente.

Y te deseamos buena suerte. Van a ser unos cincuenta mil años fantásticos, ya lo verás.

AGRADECIMIENTOS

Nos gustaría aprovechar esta oportunidad para dar las gracias a una serie de queridos amigos cuyos esfuerzos hicieron posible este libro. Nuestro editor, Trace Murphy, es la única persona que tuvo fe en nosotros para que publicáramos nuestro primer libro, *El Tallador del Diamante*, que actualmente lo usan millones de personas en todo el mundo. Esta secuela le debe mucho a su aliento. Jon Sheer nos cobijó bajo su ala y nos guió a lo largo de la parte contractual y empresarial con mucha paciencia y amabilidad. Heather Gordon redactó con esmero el libro final y realizó muchas sugerencias oportunas, al igual que hizo Catherine Trasher con una segunda y profunda redacción. Rebecca Vinacour y Grant Burns a continuación añadieron su habitual experiencia en la prueba de lectura final, mientras que el indomable Rob Ruisinger hizo magia durante mucho tiempo en el diseño del libro, especialmente en el caso de las complicadas ilustraciones. Lillas Marie Hatala nos ayudó con la revisión de la tipografía. Steve Hiett nos ayudó con la portada y Robin Saidman contribuyó a la fotografía. Mohamed Salam y Rob Hou han trabajado mucho para desarrollar los cursos y los videos online en todo el mundo, mientras que Huang Jin, de Witway Cultural Broadcasting en Shanghái ha sido una fuente inagotable de ayuda e inspiración en la propagación de este y de otros trabajos en el Lejano Oriente.

BIBLIOGRAFÍA Y DIRECCIONES ÚTILES PARA TU CARRERA EMPRESARIAL

El Tallador del Diamante, de Geshe Michael Roach y Lama Christie McNally (Ediciones Amara, 2001. www.ediciones-amara.net)

info@karmicmanagement.org
www.karmicmanagement.org
www.enlightenedbusiness.com
www.diamondcuttergroups.org

PARA TU MEDITACIÓN:

The Tibetan Book of Meditation, de Lama Christie Mc-Nally (Doubleday, 2009)
El Jardín, una parábola, de Gueshe Michael Roach (Ediciones Amara 2001)

De los dieciocho cursos online impartidos por el Instituto Clásico Asiático, el Curso 3, Meditación Aplicada, resulta especialmente útil para la meditación, al igual que los distintos módulos sobre meditación:

World-view.org; *asianclassicinstitute.org*

PARA TU YOGA:

El Secreto del Yoga, de Gueshe Michael Roach y Lama Christie McNally (Ediciones Amara, 2006)
El Libro Tibetano del Yoga, de Gueshe Michael Roach y

Lama Christie McNally (Ediciones Amara, 2004).

La Esencia del Yoga Sutra, de Gueshe Michael Roach y Lama Christie McNally (Ediciones Amara, 2005).

Para encontrar cursos y seminarios de yoga en todo el mundo, póngase en contacto con el Yoga Studies Institute en:

Yogastudiesinstitute.org

Para información sobre cursos en España, contacte con:

edicionesamara@gmail.com

9 788495 094391